KBS 특별기획

슈퍼아시아

일러두기

1. 인명과 지명은 국립국어원의 외래어표기법을 따라 표기하였다.
2. 원화로 표기된 금액은 다음 환율을 적용하여 환산하였다.
   1달러 = 1,100원, 1위안 = 168원, 1루피 = 17원, 100루피아 = 8.5원, 1밧 = 32원, 1링깃 = 270원
3. 본문에 표기된 각 나라의 인구와 GDP는 2016년을 기준으로 하였다.
4. 본문에 사용한 기호의 쓰임새는 다음과 같다.
   《 》: 단행본
   〈 〉: TV 프로그램, 잡지, 신문, 간행물

슈퍼아시아

세계경제를 뒤흔드는 아시아의 힘

KBS 〈슈퍼아시아〉 제작팀 지음

가나출판사

세계경제의 미래,
이제 아시아를 주목하라

아시아개발은행(ADB)에 따르면, 오는 2050년 아시아 총생산(GDP)이 세계 총생산의 50% 이상을 차지할 것이라 한다. 젊은 대륙 아시아는 젊은 노동력과 더불어 풍부하고 다양한 자원을 보유하고 있다. 세계 74억 인구 중 5분의 3에 해당하는 44억 명의 인구가 살고 있으며, 30세 이하의 젊은 인구가 10억 명이 넘는다. 젊은 노동력이 만들어내는 압도적인 생산과 44억 명의 거대한 시장이 만들어내는 폭발적인 소비를 통해 젊은 대륙 아시아는 저성장에 빠진 세계경제에 활력을 불어넣고 있다. 실제 아시아의 주요 신흥국가들의 경제성장률은 6~8% 수준으로 세계 평균 3.1%를 훌쩍 뛰어넘고 있다(2015년 기준).

아시아 대륙은 면적이 광대할 뿐 아니라 다양한 지질학적 특성을 지니고 있어 매우 풍부한 광물 자원을 갖고 있다. 세계 총석탄량의 5분의 3에 해당되는 석탄이 매장되어 있으며, 석유 및 천연가스 매장량은 3분의 2에 달한다. 중국 남서부에서 말레이 반도를 거쳐 인도네시아까지 연결되는 지대에는 상당한 양의 주석이 매장되어 있고, 중앙아시아 및 서아시아에는 대량의 석고가 매장되어 있다. 이밖에도 고무나무, 사탕수수 등 많은 식물자원이 아시아의 여러 지역에 분포되어 있다. 하지만 이전까지 아시아는 이처럼 풍부한 노동력과 자원을 보유하고서도 경제를 성장시키지 못했고, 많은 나라가 빈민국, 심지어 최빈민국으로 자리매김해야 했다.

유구한 역사를 지닌 중국은 과거 강대국의 자리에 있었지만 근대 이후에는 1980년대에 개혁개방이 이루어지기 전까지 가난에서 벗어나지 못했다. 인더스 문명을 발전시켰던 인도 역시 18세기 영국의 식민지가 되어 1947년까지 수탈을 당했으며, 영국으로부터 독립한 후에도 인종과 종교 갈등으로 인해 경제 발전에 계속 제동이 걸렸다. 베트남, 미얀마, 인도네시아, 태국, 말레이시아 같은 동남아 국가들도 서구 열강들의 식민지가 되어 수탈의 대상이 되었다가 독립한 이후에도 정치적 혼란과 갈등 속에서 21세기의 대부분을 빈민국이라는 카테고리 안에 머물러야 했다. 그런데 지난 수년간 중국의 급속한 경제성장과 함께 아시아 각국의 경제성장에 대한 움직임도 빨라졌다. 공산주의나

독재체제를 유지해왔던 몇몇 국가는 민주 정권을 쟁취하기 시작했고 시장경제, 개혁개방으로 경제적 안정을 되찾고자 했다. 이 덕분에 각 아시아 국가들은 공단의 조성, IT 도시의 설립, 적극적 해외투자 유치, 정책적 지원 등을 통해 변신을 꾀하기 시작했다.

이러한 분위기 속에서 중국은 '일대일로(一帶一路, 육상·해상 실크로드)' 정책을 통해 중국과 중앙아시아, 유럽을 하나로 연결하는 신(新) 실크로드 경제벨트를 열었으며, 동남아시아 10개국(미얀마, 태국, 인도네시아, 라오스, 베트남, 캄보디아, 말레이시아, 싱가포르, 필리핀, 브루나이)은 '동남아시아국가연합'인 아세안(ASEAN)을 출범시켰다. 아세안의 인구는 총 6억 4,143만 명이며 경제 규모는 GDP 2조 7,306억 달러(약 3,004조 원)에 이른다. 도로가 연결되면서 아세안 국가들은 더 자유롭게 이동이 가능해졌으며 편리해진 물류 이동으로 공업과 상업의 발전에도 활기를 띄게 되었다. 아세안경제공동체(AEC)는 동남아시아 지역의 경제공동체를 지향하며 활발한 협력 관계를 구축하고 있다. 유럽연합(EU)처럼 경제적 통합을 이룬, 거대한 단일시장이 형성된 것이다.

세계경제를 주도하던 국가들이 저성장, 인구 절벽, 주력 산업의 침체 등으로 어려움에 빠져 있는데 반해 44억 인구의 아시아는 엄청난 인적자본을 바탕으로 급속한 경제성장을 이루고 있다. 또한 세계에서 가장 큰 시장으로서 천문학적인 생산과 소비, 문물의 이동이 이루어지고 있다. 아시아 각국의 문화와 라이프스타일은 이제 국경 없이 자유롭게 넘나들면서 새로운 부를 창출하고 있다. 이런 모든 것들이 세계의 유수한 기업들이 아시아로 눈을 돌리는 이유다.

한국 역시 아시아로 시장 진출을 꾀하고 있는 많은 나라 중 하나다. 2014년 태국 시장에 진출한 한국 기업의 모바일 메신저 '라인'은 태국의 국민 메신저라 불릴 정도로 성공적으로 안착했다. 인구 6,820만 명 중 절반에 해당하는 3,300만 명이 라인을 이용하고 있다. 이는 모바일 사용자의 80%에 해당하는 숫자로 태국 내 브랜드 가치는 구글을 앞질렀다. 그 나라의 필요에 맞는 플랫폼을 제공한 라인의 현지화 전략이 이러한 결과를 얻어낸 것이다. 이것은 아시아 시장에 진출하는 한국 기업들에 시사하는 바가 크다.

아시아는 앞으로 세계경제의 견인차가 될 것이라는 데 의심의 여지가 없다. '투자의 귀재'로 불리는 짐 로저스 회장은 "좋든 싫든 21세기는 분명히 아시아의 시대"라고 단언한다. 세계경제의 성장은 부진하고, 금융위기에 여전히 취약한 상황에 있기 때문에 아시아의 성장은 굉장히 중요하다. 이러한 이유로 아시아는 세계경제의 각축장으로 거듭나고 있다. 아시아 시장을 차지하는 국가나 기업이 결국 미래를 도모할 수 있을 것이다.

KBS 특별기획 〈슈퍼아시아〉 제작팀

3부
국경이 사라진 기회의 땅, 인도차이나

4부
넥스트 차이나의 꿈, 아세안

5부
부의 지도를 바꾸는 길, 아시안 로드

1부

첨단기술에서 찾은 길,

중국

저임금 노동력을 기반으로 제조업에서 강점을 보이며 세계의 공장으로 불리던 중국. 시진핑 체제는 출범 당시 '중국의 꿈(中國夢)'을 이루겠다고 말했다. 그리고 그 꿈을 실현하기 위해서는 산업과 경제의 체질을 바꿔야 한다는 걸 알고 있기에 혁신과 첨단기술에서 중국의 길을 찾았다. 세계의 공장에서 첨단기술을 갖춘 기술 강국으로 변신하겠다는 차이나 파워의 도전! 대륙의 새로운 꿈은 이미 시작됐다.

01

시공간이 통합된
새로운 중국의 탄생

중국을 하루 생활권으로 바꾼
철도 혁명

중국은 지역 간에 시차가 5시간이나 나며 5개의 기후대가 존재하는 광대한 대륙국가다. 이러한 환경은 지역 간의 교류와 이동을 어렵게 만들었고 중국인들은 다른 도시나 시골 마을로 가기 위해 많은 시간을 길에서 보내곤 했다. 한 예로, 중국 안후이 성에 사는 탕레이는 상하이행 기차 안에서 8시간을 보내야 했다. 하지만 이 8시간은 쑤저우에 사는 왕진핑에 비하면 그리 긴 시간도 아니다. 왕진핑은 상하이행 기차 안에서 최대 20시간을 보낸 적도 있기 때문이다. 그런데 이제 사정이 달라졌다. 안후이 성과 쑤저우에서 상하이까지 2시간~2시간 반이면 도착할 수 있게 되었다. 어떻게 이러한 변화가 가능했을까. 그 답은 고속철도에 있다.

고속철도의 개발을 혁신적으로 앞당긴 배경에는 중국의 경제 발전이 자리하고 있다. 중국은 시장개방을 한 이후로 매년 급속히 성장했다. 많은 도시에서 일자리를 창출했으며 어마어마한 물자를 생산했다. 그러자 인력과 물자를 효율적으로 운송하기에 마땅한 교통수단이 필요해졌다. 그리고 이것을 해결하는 데 가장 좋은 교통수단으로 고속철도가 대두되었다.

고속철도에 대한 논의가 시작된 것은 1997년부터였다. 당시 중국 철도의 운행 거리는 그리 길지 않았으며 최고 속도는 시속 140km에 불과했다. 중국 정부는 철도 수송의 수요 증가에 대비하고자 기존의 철도 속도를 향상시키는 프로젝트를 추진했다. 하지만 이 프로젝트는 그리 성공적이지 못했다. 7년의 노력에도 불구하고 철도의 속도는 별반 나아지지 않았다.

결국 중국은 자체 개발을 포기하고 2004년에 선진국의 고속열차를 구입하는 것으로 방향을 전환했다. 이것은 중국이 본격적으로 고속철도 사업에 뛰어드는 신호탄이었다. 중국은 독일, 일본, 프랑스에서 열차를 구입하는 데 멈추지 않고 그들의 선진기술까지 도입했다. 처음에는 모방에 그쳤지만 모방을 발판 삼아 자체적 기술도 개발했

| 1,647km 떨어진 상하이에서 광저우까지 8시간

| 1,484km 떨어진 베이징에서 훈춘까지 10시간 5분

| 중국 전역을 가로세로로 촘촘히 연결한 고속철은 광대한 대륙 중국을 '하루 생활권'으로 바꿔놓았다.

다. 그 결과, 중국은 그들만의 표준기술로 고속철도 개발에 박차를 가할 수 있게 되었다. 2007년에는 이미 철도 속도를 시속 240km까지 끌어올렸고, 그로부터 10년이 지난 현재 중국 고속철도의 속도는 시속 380km에 육박하기에 이른다.

중국은 고속철도의 운행 거리에서도 큰 성과를 거두었다. 현재 중국의 고속철도 운행 거리는 1만 9,000여km에 달하는데 이것은 전 세계 고속철 길이의 60%에 달하는 수치다. 고속철도의 운행 구간은 세계 최장 거리를 자랑하는데, 11개 성 지역의 54개 도시로 이어져 있다. 고속철도가 연결된 지역은 어딜 가던 반나절이면 도착 가능해졌다. 고속철도가 중국을 본격적인 하루 생활권의 시대로 돌입하게 만든 것이다.

후안강
중국 칭화대학교 국정연구원 원장

고속철도는 중국의 경제 지리를 새롭게 만들 것입니다. 중국의 고속철도 혁명은 영국과 미국의 철도 혁명을 훨씬 뛰어넘을 것입니다. 또한 1990년대 미국, 일본, 한국의 인터넷 혁명도 넘어설 거라고 생각합니다. 중국의 고속철도는 960만km² 중국 대륙을 압축시킬 것입니다.

'대륙의 혈관'으로 불리는 고속철도는 매년 30% 이상씩 성장해왔으며 2015년에는 연간 이용객이 11억 명을 넘어섰다. 그동안 단절돼 있던 지역들이 고속철도 덕택에 이어지면서 사람, 자원, 돈이 쉼 없이 넘나들게 되었다. 또한 지역경제권이 통합되고 물류의 흐름이 빨라지는 등 막대한 경제 효과도 낳게 되었다. 그런데 이것으로 끝이 아니다. 중국 국가발전개혁위원회는 2016년 '8종 8횡' 고속철 추진 계획을 발표한 바 있다. 이 계획의 요지는 2020년까지 중국 전역을 8종 8횡으로 연결하는 간선고속 철도망을 구축하고, 2025년까지 운행 구간을 지금의 2배 길이인 3만 8,000km로 늘리겠다는 것이다. 이 계획이 현실화되면 중국 대부분의 주요 도시는 고속철로 연결될 것이다. '8종 8횡' 계획은 중국 전역을 가로세로로 촘촘히 연결해 13억 중국을 하나로 잇겠다는 구상이다.

조너선 폴락
미국 브루킹스연구소 선임연구원

중국이 고속철도 분야에서 성취한 바는 놀랍죠. 그토록 많은 인구가 장소 이동을 한다면 얼마나 규모가 클지 생각해보세요. 중국은 이러한 인프라의 개발에 전념하고 있으므로 추측컨대 향후에 그들은 중국 내에 좀 더 외진 지역까지도 직접 고속철로 연결하려 할 것입니다.

┃ 연간 이용객 11억을 돌파한 중국 고속철. 서울 월드컵 경기장 4개 규모의 대합실은 늘 만원이다.

느긋함은 더 이상
대륙의 미덕이 아니다

　　　　　　　　한동안 중국인들에게 '만만디'라는 말이 따라붙은 적이 있다. 만만디는 중국인 특유의 느긋함을 일컫는 말이다. '만만디'라는 특성은 중국인들의 일상생활뿐 아니라 행정적 절차를 밟는 데도 적용되어왔다. 이 때문에 중국에 투자를 하거나 공장을 세우려는 외국인들은 일처리가 늦어져 답답하더라도 '만만디'에 적응해야만 했다.

　'만만디'의 배경으로 체면을 중시하는 문화, 관료주의적 폐해, 그리고 중국의 지리적 특성이 거론되곤 했다. 넓은 땅과 만만치 않은 자연환경은 중국인들을 빨리 이동할 수 없게 만들었고, 그 상황이 중국인들에게 일처리를 천천히 하게 했다는 것이다. 그런데 고속철도의 발달은 중국 대륙의 시공간 거리를 획기적으로 단축시켰다. 적어도 교통에 있어서는 중국이 '만만디'를 벗어버린 것이다.

고속철의 개발은 교통뿐 아니라 비즈니스, 관광, 소비, 일자리의 기회까지 늘어나게 했다. 이러한 변화는 인구 85%가 소수민족으로 이뤄진 단자이 현에서도 느낄 수 있다. 전통을 고수하며 살았던 이곳 사람들은 고속철이 들어선 이후 더 많고 다양한 일자리를 얻게 되었다. 이른바 '고속철 효과'다. 이것은 중국 서부 구이저우 성의 구이양에서도 볼 수 있는 변화다.

지금까지 중국은 경제성장 계획을 지역별로 단계적으로 시행해왔다. 그런데 이 과정에서 '교통의 오지'라 불리는 중국 서부는 고속 성장에서 소외되어왔다. 하지만 지금은 구이양을 비롯해 수많은 도시나 마을에서 변화의 기운이 넘쳐난다. 서부 지역을 관통하는 고속철도 덕분이다. 이제 서부의 고속철도는 간쑤 성 란저우에서부터 신장 웨이우얼 자치구 우루무치까지 연결되어 있다. 2014년에 개통된 이후로 서부 지역의 개발 역시 본격화되고 있는 것이다.

짐 로저스
로저스홀딩스 회장

중국 서부를 철도가 관통할 것입니다. 전에는 지금처럼 길이 통하지 않았죠. 미국 시카고 역시 미국 서부에 위치하는 도시인데, 이 도시는 철도가 들어서기 전에는 아무도 관심을 갖지 않았어요. 그러나 철도가 들어서면서 세계적으로 유명한 도시가 되었죠. 미국 서부에서 일어났던 일이 중국 서부에서도 곧 일어날 것입니다.

해외시장 공략을 시작한
중국의 고속철

고속철은 수많은 첨단기술의 총합이다. 고속철 건설의 후발주자였던 중국은 선진기술을 도입해 그것을 '소화, 흡수, 재혁신'의 원칙으로 발전시켜왔다. 그리고 그것을 다시 중국의 특색을 바탕으로 자체적인 설계로 이끌어냈다. 광활한 중국 대륙이야말로 고속철을 운영해볼 최고의 시험장이었다. 중국은 고산지대까지 고속철도를 건설하는 경험을 쌓으면서 고속철도의 선진국인 독일, 일본, 프랑스를 위협할 정도로 높은 기술력을 보유하게 되었다. 이제 긴 철도 거리 및 빠른 운영 속도는 중국 고속철도의 뛰어난 장점이 되었다. 그런데도 고속철의 가격은 선진국의 3분의 2 수준에 불과하다. 이러한 가격경쟁력은 해외시장을 공략하는 데 유리하게 작용하고 있다.

지아리민
중국 베이징교통대학교 교수

중국은 매우 광활합니다. 동에서 서까지 5시간의 시차가 나고 남에서 북까지 5가지 기후대가 있습니다. 세계에서 가장 복잡한 자연과 지리 환경을 모두 갖고 있습니다. 따라서 중국의 고속철은 세계 어느 지역의 자연환경에도 적응할 수 있습니다. 다른 어떤 국가도 이러한 능력은 갖고 있지 않습니다.

중국은 2011년 터키를 시작으로 미국, 말레이시아, 아르헨티나, 나이지리아 등 20개가 넘는 국가에 지하철 차량과 고속철을 수출했다. 2014년 7월에는 브라질, 페루와 함께 남미대륙횡단철도 건설을 공동 추진했고, 10월에는 러시아의 모스크바와 카잔을 잇는 철도 건설에 합의하는 성과를 내기도 했다. 현재 중국은 80여 개국의 해외시장을 공략하고 있는 실정이다.

왕레이
중국 창춘궤도객차 총설계사

중국은 러시아와 터키에서 고속철 수주 경쟁을 하고 있습니다. 중국의 고속철은 운행 거리가 길고, 경험이 많습니다. 거리와 속도 면에서는 세계 1위일 겁니다. 그리고 가격 경쟁력에서도 우위에 있습니다.

고속철도의 해외시장 공략은 제조업 위주였던 중국의 수출시장을 한 단계 업그레이드시키는 성장동력이 되고 있다. 이것은 중국 현 총리인 리커창이 "중국 설비 산업의 해외 진출은 중국 경제에 새로운 성장동력을 제공할 뿐 아니라 산업구조의 변화를 촉진한다는 점에서 중국이 반드시 거쳐야 할 단계"라고 강조한 데서도 확인할 수 있다. 실제로 리커창 총리는 고속철도의 해외 수출을 위해 많은 나라를 방문하는 등 고속철 마케팅에 심혈을 기울였다. 2013년 10월에는 태국, 호주, 유럽, 아프리카, 영국, 미국 등에 고속철 마케팅을 적극적으로 진행했으며 그다음 해인 2014년에는 러시아와 태국을 방문해 고

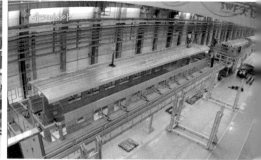

▌ 고속철 건설 후발주자였던 중국은 이제 자체 기술로 고속철을 만들어 해외 80여 개국을 공략하고 있다.

속철도 협력을 체결하는 성과를 냈다. 2015년에는 인도, 미국, 인도네시아 등에서 고속철도를 건설해야 할 타당성을 연구 개시하거나 협력 추진 및 합의를 이끌어내기도 했다.

다양한 운행 조건과 여러 요구사항을 만족시킬 수 있는 장점을 내세움으로써 중국의 철도차량 수출은 매년 증가세를 보이고 있다. 이러한 가운데 중국은 철도차량 분야에서 전 세계 1위와 2위를 다투는 '중국북차'와 '중국남차'를 합병시켜 총자산이 3,000억 위안(50조 4,000억 원)에 달하는 '중국중차'를 탄생시켰다. 공룡기업 중국중차는 중국 정부가 국내에서의 불필요한 경쟁을 줄이고 해외시장 공략에 중점을 두고자 노력한 결과물이다.

2014년에 태어난 중국중차는 이듬해인 2015년에 9,000억 원 규모의 홍콩 지하철의 구매계약을 체결하는 데 성공했다. 이것을 두고 중국 신문 〈신경보〉는 홍콩 지하철 계약은 중국이 수주한 최대 규모의 지하철 사업이라고 평하기도 했다. 이밖에도 중국중차는 세계 최대의 철광석 회사인 브라질의 발레(Vale)에 화물열차를 인도하고, 케냐와 사우디아라비아에는 기관차를, 미국 로스앤젤레스 교통국에는 지하철을 수출하는 등 주목할 만한 성과를 내며 중국 철도 산업을 대표하는 공룡기업으로 자리 잡았다.

02

첨단산업 세계 1위에
도전하다

테슬라를 제치고
세계 1위로

중국의 미래를 보고 싶다면 선전을 보라는 말이 있다. 최근 이 도시를 더 유명하게 만들며 미래 도시로 이끌고 있는 것이 바로 전기차다. 선전은 세계 최초로 전기택시의 상용화가 이루어진 도시다. 이것을 가능하게 만든 것은 중국 정부의 강력한 인센티브 정책이다. 중국 정부는 대기오염을 줄이기 위한 정책의 일환으로 전기차를 활성화시켜왔다. 그리고 선전을 전기차를 시험해볼 지역으로 택했다.

▍대기오염을 줄이기 위한 정부 정책으로 선전 시내에는 8,000여 대의 전기택시와 전기버스가
운행되고 있다.

　선전 시내에서는 도로를 누비는 전기버스와 전기택시의 모습을
쉽게 볼 수 있다. 중국의 전기차 회사인 '비야디(BYD)'에서 제작한
전기택시 10대가 선전에서 시범운행을 시작한 것은 2010년 5월이었
다. 당시 중국 정부는 2개월간의 시범 기간을 두고 전기택시를 점차
늘리기로 결정했다. 2016년엔 선전의 도로를 누비고 있는 전기버스
와 전기택시가 8,000대까지 늘어났는데 2017년 말까지 1만 6,000대
의 버스 모두를 전기버스로 대체할 계획을 갖고 있다. 그리고 선전뿐
아니라 중국의 주요 대도시를 중심으로 전기버스나 전기택시를 늘
려갈 계획이다.
　전기택시는 친환경적이며 연료효율도 높지만, 일반택시의 주유 시
간에 비해 충전 시간이 길다는 단점이 있다. 하지만 전기택시 운전기
사들은 그것도 별문제가 되지 않는다고 한다. 점심을 먹는 동안 충전

하거나 충전 시간을 아예 쉬는 시간으로 활용할 수 있어서다. 게다가 전기택시는 승차감이 뛰어나서 이용하는 승객들의 반응도 좋은 편이다.

선전시는 공공버스나 택시뿐 아니라 정부용 차량, 가정용 차량까지도 전기차로 바꿀 수 있도록 정책적 지원을 아끼지 않고 있다. 전기차를 구입할 경우에는 중앙 정부의 보조금을 받을 수 있고, 선전 지역에서 라이선스를 취득한 차량에 대해서는 추가로 2만 위안(336만 원)의 보조금을 받을 수 있도록 했다. 덕분에 선전에서 전기차를 구입한 운전자의 경우 총 8만 위안(1,344만 원)의 보조금을 받을 수 있게 되었다.

선전에 위치한 중국 전기차 1위 기업 비야디 본사에서는 전기차 상용화 시대의 풍경을 미리 엿볼 수 있다. 비야디는 공상과학 영화에서나 나올 법한 충전타워를 운영하고 있다. 원통형으로 이루어진 충전타워에서는 한꺼번에 400여 대의 차량을 충전시킬 수 있다. 또한 주차장에 완비된 충전 시설을 통해 직원들은 근무시간 동안 무료 충전 서비스를 받을 수 있다.

하루가 멀다 하고 글로벌 자동차 회사들이 앞 다퉈 전기차를 출시 중인 시대에 비야디는 중국의 전기차 시장을 이끄는 견인차 역할을 맡았다. 하지만 비야디가 처음부터 자동차 산업에 뛰어들었던 것은 아니다. 원래 비야디는 1995년 설립된 배터리 전문회사였다. 배터리

비야디 본사에 있는 이 원통형의 건물은 충전타워로 한꺼번에 400여 대의 차량이 동시에 충전할 수 있게 설계되었다.

제조 기업으로 세계 2위의 자리까지 올랐을 정도로 배터리 분야에서 큰 성공을 거뒀지만 비야디는 여기에 안주하지 않고 전기차 산업에 뛰어들었다.

2003년만 해도 중국의 전기차 시장은 그리 크지 않았다. 당시 전기차의 판매량은 200만 대 정도에 불과했지만 비야디는 전기차 산업의 잠재력에 주목했다. 비야디는 내수시장이 큰 중국 시장의 경우, 새로운 제품을 선택하는 소비자 규모도 크다고 판단하고 과감한 투자를 시작했다. 그 결과, 2008년 비야디에서 처음 제작한 F3 모델은 선전의 전기택시로 채택되었으며, 2014년에는 중국 내수시장의 절반을 차지할 정도로 높은 판매량을 자랑했다. 내수시장에서의 성공은 해외 진출의 성공으로 이어졌다. 2015년에는 세계 전기차 시장의 11%를 차지했으며 2016년에는 전 세계 판매량 1위에 등극하기까지 했다. 이것은 비교적 빠른 시간 내에 이룬 성과다. 비야디가 이렇게 짧은 시간에 전기차 시장의 주도권을 잡을 수 있었던 비밀은 배터리 기술에 있다.

인친량
중국 상하이교통대학교 교수

비야디는 원래 배터리를 전문적으로 생산하는 회사였습니다. 자동차 회사로 변신하면서 신에너지 자동차 부분에서 자연스럽게 강점을 발휘할 수 있었죠. 비야디는 가장 중요한 배터리 원천기술에서 타고난 강점을 갖고 있고 이 점이 판매량 1위를 기록하게 만든 중요한 요인 중 하나입니다.

전기차는 가솔린 자동차에 비해 속도가 느리며 주행거리가 짧은 단점이 있다. 이것은 전기차에서 가장 중요한 핵심기술인 배터리 기술과 연관된다. 전기차가 얼마나 오래 달릴 수 있는가는 배터리의 기술력에 달려 있는데 비야디의 배터리는 1회 충전에 345km를 주행하는 것이 가능하다. 현대 아이오닉은 250km, 기아 쏘울 EV는 212km, 닛산 리프는 159km인 것과 비교하면 비야디의 전기차는 주행 가능 거리가 월등히 높은 편이다. 더군다나 비야디는 다른 경쟁사들과 달리 배터리를 자체 생산함으로써 원가절감 효과까지 보고 있다. 이런 장점에 힘입어 비야디는 앞으로 5년 내에 전기차의 배터리 생산을 30만 대 규모로 늘릴 계획이다.

전기차 분야에는 아직 전통적 강자가 없다. 따라서 중국 정부의 강력한 지원, 혁신적인 기술, 그리고 13억 인구 대국의 탄탄한 내수시장이라는 3박자는 비야디 전기차의 성장동력이 되어주었다. 이미 글로벌 경쟁력에 가속도가 붙은 비야디는 테슬라를 제치고 전기차 판매량에서 세계 1위를 차지하는 놀라운 성과를 보이고 있다.

▌ 비야디는 이미 판매량에서 미국 테슬라를 제치고 전기차 판매 세계 1위로 올라섰다.

비야디가 2015년 한 해에 판매한 전기버스는 6,000여 대에 달한다. 그리고 이 전기버스들은 세계 150개 도시를 달리고 있다. 전기버스의 대량생산이 가능한 기업은 현재로서는 비야디가 유일하다.

인친량
중국 상하이교통대학교 교수

해외의 전기차와 비교했을 때 가격이 많이 차이 나는 경우에는 가격이 10배 이상이나 차이가 납니다. 보통 자동차도 3~5배 정도 차이가 날 겁니다. 전기버스의 경우, 미국은 10~20억 원 정도인데 중국에서는 같은 크기의 차량을 1억 5,000만 원 정도면 구매할 수 있습니다.

런던을 누비는
중국의 전기버스

　　　　　　　　　　런던 시내 곳곳을 누비는 빨간 이층버스는 영국의 명물로 자리 잡은 지 오래다. 그런데 2006년 런던시에서는 기존의 이층버스를 전기버스로 대체하기로 결정했다. 전기버스는 기존의 버스에 비해 2배 이상 비싼 편이지만 이산화탄소를 감축시키기 위해 친환경 차량을 보급하기로 한 것이다. 그리고 그로부터 10년이 지난 런던의 도로에는 '메이드 인 차이나' 전기버스가 누비고 다니는 모습을 볼 수 있게 되었다.

　런던 브릿지를 오가는 521번 노선의 전기버스는 바다 건너 중국 선전에서 건너온 것으로, 중국의 전기차 업체 비야디에서 만들었다. 비야디의 버스를 구매하기로 결정한 것은 영국의 버스회사 고어헤드(Go-Ahead Group)다. 고어헤드는 전기버스를 구매하기 위해 여러 제조업체와 접촉했다. 당시 비야디는 유럽 시장으로의 진출을 추진 중이었다. 이미 비야디는 영국의 제조업체와 차체를 제작한 경험을 쌓은 데다 배기가스 제로라는 장점도 갖고 있었다. 런던 시는 2019년까지 런던 중심부의 모든 싱글덱버스를 제로이미션(zero-emission,

▌ 바다 건너 중국 선전에서 온 비야디 전기버스가 런던 시내 곳곳을 누비고 있다.

제품에서 환경으로 방출하는 유해 물질을 가능한 한 제로로 만드는 것)하겠다는 목표를 갖고 있었고, 그 목표에 근접한 차량으로 비야디를 선택했다. 하지만 이러한 선택이 있기까지 비야디는 런던 정부로부터 신뢰를 얻기 위해 2년간의 시운전을 해야 했다. 런던 정부에서 가장 우려했던 것 중 하나는 배터리였는데 비야디는 2년간의 시운전을 통해 자사의 전기버스가 이러한 부분에서 문제가 전혀 없다는 것을 증명해냈다. 그러자 런던 정부는 비야디의 성능과 가능성을 믿고 '전기버스 확충' 프로젝트에 비야디의 전기차를 선택했다.

현재 런던 시내를 누비고 다니는 비야디의 차량은 51대에 이른다. 한 번 충전으로 250km를 운행할 수 있는 비야디의 전기버스는 동력 시스템의 품질보증을 5년까지 해준다. 이밖에도 비야디는 운전기사와 A/S 엔지니어 교육 등을 위한 종합 지원서비스를 제공한다.

마이크 웨스턴
런던 교통국 버스 디렉터

2019년까지 저희는 런던 중심부의 모든 싱글버스를 무공해 차량으로 바꾸는 것을 목표로 하고 있죠. 그 일환으로 비야디 버스 51대를 1차로 들여왔습니다. 저희는 비야디의 오랜 전기차 생산 경력을 믿고 수년간 함께 일해 왔습니다. 비야디는 현지 버스회사와 버스기사, 승객 모두에게 인기가 좋습니다. 앞으로 2, 3년에 걸쳐 더 많은 전기버스가 런던 중심부에서 운행될 것입니다. 이것은 앞으로 몇 년간 런던의 공기 질을 개선하려는 런던 시장의 야심찬 프로젝트 중 하나기 때문이죠.

영국을 비롯한 선진국들이 저탄소 친환경 정책에 적극적이고 전기차를 확대하려는 의지가 확실하기 때문에 전기차 시대는 예상보다 훨씬 빨리 올 수 있다.

전기차 성장에 날개를 달아준
친환경에너지 정책

2014년 중국 정부는 친환경 자동차 산업 지원 정책을 세 번에 걸쳐 발표한 바 있다. 정책의 요지는 자국 기업의 적극적 지원 및 감면 혜택과 중앙 정부와 지방 정부의 지원을 통해 전기자동차의 소비를 이끌어낸다는 데 있다. 특히 주목할 만한 정책은 정부기관을 비롯한 공공기관의 차량을 전기차로 바꾸는 계획이다. 중국 정부는 200만 대에 이르는 정부 및 공공기관의 차량 30%를 2016년까지 전기차로 바꾸겠다고 발표했다. 당시 4~5만 대에 불과한 전기차 생산량을 생각한다면 터무니없이 높은 수치일 수도 있다. 하지만 전기차 개발과 발전을 중시하는 중국 정부의 의지를 엿볼 수 있는 부분이다. 이러한 의지는 그다음 해인 2015년 9월 14일, 중국의 70주년 전승절 기념행사에서도 확인할 수 있다.

중국은 70주년 전승절을 '항일전쟁 승리 및 세계 반파시스트 전쟁 승리 70주년' 기념식으로 명명하고 각국의 주요 인사를 대거 초대했다. 이날 행사에서는 시진핑 주석의 기념사를 시작으로 최대 규모의

▍중국은 70주년 전승절 기념행사에서 비야디의 전기 세척차를 선보였다.

군사 퍼레이드가 펼쳐졌고, 최신 무기를 선보여 세계의 이목을 주목시켰다. 그런데 이날 유독 돋보인 광경이 있다. 바로 대열을 갖춰 도로를 청소하는 전기 세척차들이었다. 이 전기 세척차는 비야디가 생산한 16톤급 모델 T8로 청소부 20명이 할 작업을 대신할 수 있어서 기존 노동력의 80% 이상을 절약할 수 있다. 열병식에 등장한 전기 세척차 행진은 첨단산업에 대한 중국의 자부심을 세계에 과시하기에 부족함이 없는 장면이었다.

중국은 2020년까지 전기차 500만 대 시대를 내다볼 정도로 전기차 시장에서 급속한 성장세를 보이고 있다. 이것은 중국 정부의 강력한 친환경에너지 정책이 뒷받침되고 있기에 가능한 일이다. 시진핑 정부는 2030년을 정점으로 온실가스 배출 총량을 감축하고 기후 변화에 적극적인 대응을 하겠다는 목표를 밝힌 바가 있다. 기후 변화로 인한 경제적 손실을 줄이고, 신생에너지 중심의 에너지 소비 구조로 탈바꿈하기 위해서다. 친환경에너지 정책은 이러한 일환 중 하나다.

후안강
중국 칭화대학교 국정연구원 원장

이제 중국의 제조업은 화석연료와 대기오염 배출, 자원의 고소비로부터 벗어나 친환경 제조업으로 전환하는 것이 매우 중요합니다. 중국에게 전기자동차는 미래에 가장 큰 시장이 될 것입니다. 중국은 앞으로 전기자동차의 최대 제조국이자 수출국이 될 것입니다.

스콧 케네디
미국 국제전략문제연구소(CSIS) 중국 전문연구원

중국은 산업계 전체가 재생에너지로 이동하고 있습니다. 중국은 환경 오염에 대비하는 것이 중요하기 때문에 친환경 기술을 새로운 시장 진출의 기회로 보고 있습니다. 또한 이러한 시스템이 잠재적인 신제품 분야에 대한 투자를 유치하는 데 유리할 것입니다.

세계 드론업계의
선두주자

2016년 5월, 상하이에서는 '세계 가전박람회(CES) 아시아'가 열렸다. 이 박람회는 다양한 산업 분야에서 진행 중인 인류의 혁신기술을 만날 수 있는 자리였다. 그런데 좀 특별한 풍경이 펼쳐졌다. '가전박람회'인데도 가전이 보이지 않았던 것이다. 그 빈자리를 차지한 것은 로봇과 웨어러블(wearable, 착용 가능한) 기기, 가상현실(VR)과 증강현실(AR) 기기들이었다. 23개국

400여 개의 글로벌 기업이 참여한 이 행사에서 중국 기업들의 활약은 두드러졌다. 그들은 더 편리하고 우수한 최신형 드론을 선보이며, 중국이 세계 드론업계의 선두자임을 다시 한 번 확신시키고자 했다.

미래 산업으로 주목받고 있는 드론은 최근 구글과 아마존 등 글로벌 기업들이 드론의 상업화를 위해 연구개발에 뛰어들면서 다양한 분야에서 활용되고 있다. 상업용, 농업용, 공업용, 교통용, 소방용, 촬영용, 배송용 등 드론을 필요로 하지 않는 분야가 거의 없을 정도다. 특히 산업용 드론은 여러 분야에서 활용도가 높아 드론업체들의 시장 선점을 향한 경쟁이 치열하다. 글로벌컨설팅그룹 PWC가 2020년까지 드론 시장의 규모는 1,270억 달러(139조 7,000억 원)가 될 것이라고 전망할 정도로 드론 시장은 계속 성장 추세에 있다.

그동안 드론 시장을 주도했던 나라는 미국과 프랑스였다. 특히 프

▍가전 대신 로봇과 웨어러블 기기, 가상현실과 증강현실 기기들이 차지한 상하이 가전박람회.

랑스는 여가용, 산업용 드론의 선두주자로 용도에 따라 다양한 드론을 만들며 시장점유율을 높여왔었다. 그런데 현재, 세계에서 팔리는 드론 10대 중 9대는 '메이드 인 차이나' 제품이다. 가격 대비 성능이 월등하기 때문이다. 전 세계 상업용 드론의 90% 이상을 점령한 중국 기업들의 위력은 〈인터넷주간〉에서 발표한 전 세계 민간용 드론 기업 순위에서 확인할 수 있다. 10위 권에 오른 기업 5곳이 중국 기업이었는데 1위는 DJI, 5위는 자이로(XIRO), 7위는 지페이(XAIRCRAFT), 9위는 파워비전(PowerVision), 10위는 베이징항공항천대학연구소였다. 그 중에서 'DJI'는 전 세계 상업용 드론 시장에서 1위를 달리고 있는 기업으로 상업용 드론 시장의 70%를 차지하고 있

전 세계 민간용
드론 기업 순위

1위 DJI

5위 XIRO

7위 Xaircraft

9위 PowerVision

10위 베이징항공항천대학연구소

▌전 세계 민간용 드론 기업 순위. 상위 10개 중 5개가 중국 기업이다.

다. 2015년에는 분출하는 화산을 촬영하는 데 성공할 정도로 이 업체의 드론은 최고의 기술력을 자랑한다. 하지만 DJI의 판매 가격은 높지 않다. 기존 드론 가격의 10분의 1에 불과하다.

가격은 저렴하지만 DJI 드론의 성능은 다른 기업에 비해 결코 떨어지지 않는다. 실제로 2015년 4분기까지 미국 연방항공청(FAA)에 통과된 상업용 드론 비행 허가 기종 상위 20개 중 12개가 DJI의 모델일 정도로 DJI는 성능을 인정받고 있다.

DJI 드론을 창업한 사람은 왕타오다. 그는 자신만의 철학과 시각을 갖고 2005년 선전에 드론 전문업체를 설립했다. 그는 드론의 사용 장벽을 낮추는 데 역점을 두었다. 비행에 전혀 관심이 없는 소비자라도 드론을 쉽게 즐길 수 있도록 하기 위해서였다. 또한 그는 DJI에서 만드는 제품은 기계적인 시스템이 완벽하지 않으면 내놓지 않는 '장인정신'을 내세웠다. DJI의 제품들은 바로 이러한 철학 아래서 탄생했다. 이런 경영 철학과 함께 DJI를 세계 드론 시장의 선두업자로 이끌어온 것은 젊고 유능한 직원들이다. DJI의 직원들의 평균 연령은 26.7세로 대부분이 드론을 취미로 즐겼던 사람들이다. 직원들은 자신의 취미가 일이 되었기에 일을 취미처럼 즐길 수 있었다. 이 때문에 직원들은 드론에 대한 남다른 시각과 이상을 지닐 수 있었고 DJI의 드론을 창의성 있는 제품으로 만들 수 있었다.

DJI 홍보 영상

■ 화산 폭발 장면을 촬영 중인 DJI 드론. DJI는 세계 상업용 드론 시장의 70%를 차지하고 있다.

왕판
드론 제조업체 DJI 홍보 총감독

우리는 젊은 층의 시각과 이상을 결합시켜 제품을 만들어왔습니다. 모두들 좋아서 이 일을 시작했고, 단순히 돈을 벌기 위해서가 아니었습니다. 이러한 정신을 공유하고 있기 때문에 좋은 제품이 나올 수 있다고 생각합니다. 우리는 지금 전 세계적으로 중국이 제조한 것, '메이드 인 차이나'의 개념을 재확립하려고 하고 있습니다.

DJI의 목표는 모든 산업에 드론을 적용시키는 것이다. 아직까지는 비행 촬영 애호가나 중고급 수준의 비행 촬영 회사가 주요 소비층이지만 미래에는 농업, 공안, 소방 등 다양한 분야에서 드론을 활용할 수 있도록 연구개발 중이다. 이를테면, DJI에서 이미 출시한 농업용 무인 드론은 사람을 대신해 논과 밭에 농약을 뿌려주는 기능이 있다.

　DJI는 '메이드 인 차이나'의 개념을 재확립하려는 포부를 갖고 있다. 중국이 더 이상 미국이나 유럽에 비해 저렴한 노동력으로 만든 공산품을 싸게 파는 나라가 아니라, 고도화된 기술과 장인정신으로 만든 고품질 제품을 싸게 파는 나라라는 개념을 전 세계에 심어주고자 하는 것이다. 실제로 DJI는 그들의 존재를 해외에 뚜렷히 인식시키며 자리를 잡아가고 있다. 2016년 DJI의 주요 고객은 미국이나 유럽, 한국, 일본 등 해외시장이며, 총 판매량의 80%가 해외시장에서 이루어지고 있다.

첨단산업으로의
비상이 시작되다

중국 국영항공기 제작업체이자 중국상용항공기공사인 '코맥(COMAC)'은 2015년 중대형 여객기 C919를 공개했다. 중국이 드디어 자체 기술로 여객기를 만든 것이다. 그로부터 2년 뒤 코맥은 첫 시험 비행에 성공했다. 이는 2008년 처음 개발을 시작한 지 9년 만에 거둔 성과이다. 코맥은 C919의 개발로 세계 항공기 시장을 양분하고 있는 에어버스, 보잉과 경쟁할 수 있을

❙ 중국 국영기업 코맥은 자체 기술로 만든 첫 중대형 상용 항공기 C919를 공개했다.

것이라 자신했다.

대부분의 연구팀이 30세 이하 젊은이들로 이루어진 코맥의 자신감에는 이유가 있다. C919의 통제시스템은 디지털 전송으로 이루어지며 최신기술을 도입한 디자인은 하중에 대한 적응력을 향상시켰다. 또한 제3세대 알루미늄이라 불리는 리튬합금과 복합재료 등 대량의 신재료를 사용한 기초 구조는 항공기의 무게를 줄이고 경제성을 향상시켰다. 이밖에도 코맥은 실력 있는 기술 및 디자인 인력을 대거 유치하는 등 항공기 굴기(堀起)에 박차를 가하고 있다. 코맥은 현재 23개 바이어들로부터 C919 570대의 주문을 받아둔 상황이며, 350석 규모의 대형 여객기 C929도 개발 중에 있다.

코맥의 이 같은 성과는 중국 내 항공기 수요의 폭발적 증가와 무관하지 않다. 중국 내수시장의 수요만 갖고도 코맥은 항공기 산업의 경쟁력을 충분히 확보할 수 있는 상황이기 때문이다. 이와 더불어 '중국 제조 2025 계획'에서 제시한 10대 전략산업 중 하나인 항공 분야에 대한 중국 정부의 지원 역시 코맥이 경쟁력을 갖는 데 일조했다.

류뤄쓰
중국 항공기 제조업체 코맥 설계연구부 부장

2030년 중국인 탑승객 수가 15억 명까지 증가한다고 합니다. 그러면 1인당 연평균 탑승 횟수가 1회 이상 증가합니다. 이러한 수요 예측에 따라, 앞으로 20년 뒤, 중국에는 5,000대가 넘는 비행기가 판매, 운영될 것입니다.

교육용 로봇 스타트업인 '메이크블록(Makeblock)' 또한 첨단산업 분야로 나아가는 중국 산업의 발전을 잘 보여주는 대표적인 사례다. 여러 개의 블록을 조합해 집이나 동물, 로봇 등 자신이 원하는 것을 만들어낼 수 있는 블록놀이 장난감은 아이와 어른 모두에게 인기가 많다. 그런데 메이크블록의 CEO 왕젠쥔은 여기에 첨단기술을 접목시켰다. 그는 로봇을 스스로 제작할 수 있는 DIY 로봇 시장의 전망

▌세계 각국의 교육 현장으로 팔려나가고 있는 메이크블록의 교재용 조립 로봇.

이 밝다고 판단하고, 더 빠르고, 더 좋은 로봇의 모습을 만들 수 있는 부품으로써 알루미늄합금을 사용했다. 그의 전략은 성공적이었다. 레고의 금속 버전이라 할 수 있는 메이크블록은 사용자들이 비교적 멋지면서 더 전문적인 로봇을 만들 수 있게 해주었다. 처음 출시되었을 때만 해도 DIY 애호가나 로봇 제작 애호가들이 소비자의 대부분이었다. 하지만 현재 메이크블록은 과학 프로젝트에 가깝게 인식되고 있으며 과학 교육과 프로그래밍 교육용으로 사용되고 있다.

메이크블록이 완구보다 과학 프로젝트에 가까운 이유는 단지 멋진 소프트웨어를 재현해낼 수 있기 때문만이 아니라, 메이크블록의 로봇이 다양한 기계부품들을 활용할 수 있다는 데 있다. 이를테면 키트 제품들에 반응 센서와 제어 장치를 다는 식이다. 이것은 메이크블록이 기계와 전자 부분, 소프트웨어 부분을 완벽하게 융합시킨 플랫폼을 갖고 있어 가능한 일이다.

왕젠쥔
교육용 로봇 스타트업 메이크블록 CEO

저희는 엔터테인먼트와 교육, 로봇 분야에서 중국뿐만 아닌 세계적으로 1등 브랜드가 되고 싶어요. 저희 제품들은 매우 다양하고 혁신성이 강합니다. 저희 제품이 '크리에이트 인 차이나(Create in China)' 브랜드가 될 수 있도록 노력 중입니다.

03
노동집약 제조업에서 첨단 제조업으로

'메이드 인 차이나'의 개념이 바뀐다

중국 선전은 '메이드 인 차이나'의 상징과도 같은 도시로, 덩샤오핑의 개혁개방 정책도 바로 이곳에서 시작되었다. 정부 주도 하에 선전의 제조업 공장들은 값싸고 풍부한 노동력을 바탕으로 단숨에 세계의 공장이 되었다. 선전의 기업들은 해외기술을 빠르게 습득하고 복제했으며, 돈을 벌면 그 돈으로 새로운 기술을 연구했다. 그로부터 30년이 지나 선전은 중국의 새로운 혁신센터로 거듭나고 있다. 오늘날 세계시장을 뒤흔들고 있는 화웨이(Huawei), 텐센트(Tencent), DJI 같은 글로벌 혁신기업들은 모두 선전의 제조업 생태계 속에서 탄생할 수 있었다.

작년 한 해 선전의 특허협력조약(PCT)은 1만 5,000여 건에 달했다. 이것은 중국 전체 특허협력조약의 절반에 해당하며 미국의 실리콘밸리를 넘어서는 수치다. 심지어 선전의 첨단과학기술 분야의 규모는 베이징과 상하이를 넘어설 것으로 예측된다. 이것은 선전이 국제적 특성과 경쟁적 특성을 둘 다 지니고 있기 때문에 가능하다.

후안강
중국 칭화대학교 국정연구원 원장

선전은 중국의 경제성장에 큰 기여를 하고 있습니다. 선전의 첨단과학기술은 이미 하나의 새로운 산업이 되었습니다. 중국에 실리콘밸리가 있느냐 없느냐의 문제가 아니라 선전은 실리콘밸리를 이미 넘어선 것입니다. 그 점은 분명합니다.

오늘날 중국은 크고 작은 실리콘밸리를 만들고 있다. 그중 하나인 선전에는 2014년 640억 위안(10조 7,520억 원)을 투자했다. 이는 연구개발비만 GDP의 4.02%를 차지하는 규모로, 선전이 베이징과 상하이에 이어 제3의 혁신센터가 될 수 있는 이유기도 하다. 그런데 중국에는 선전 외에도 새로운 실리콘밸리로 떠오르는 도시들이 7~10개나 있다. 이러한 도시 중 하나인 청두에는 현재 첨단기술단지가 형성되어 있다.

비옥한 평원 위에 자리한 도시 청두는 원래 중국에서 가장 큰 상업도시 중 하나였다. 1950년대에는 남동부 전역의 철도 중심지였고, 1960년대에는 화학공업의 발전을 이루어내기도 했다. 그리고 2009년, 중국 정부는 청두를 중서부 최고의 첨단기술단지로 건설하기 위해 박차를 가했다. 당시 중국 정부가 심혈을 기울였던 건 고급 인재의 유치였다. 고급 인재들의 창업 지원을 위해 중국 정부는 주거 및 생활 혜택뿐만 아니라 가족들에 대한 혜택도 넓혀나갔다. 그 결과, 청두는 객관적으로 중국에서 손에 꼽을 정도로 뛰어난 인재들이 많은 도시가 되었는데 국내외에서 청두로 모여든 인재만 400만 명에 이르렀다. 이러한 인재들은 '혁신군'으로 불리며 중국의 실리콘밸리에서 자신들의 실력을 발휘하고 있다. 첨단기술단지 청두의 발전 목표는 2020년까지 첨단기업 1만 개를 만들고 신규 특허 1만 건을 등록시키는 것이다.

이제 중국은 빠른 속도와 많은 양에서 벗어나 질적으로 우수한 제품을 만들고자 한다. '중국의 제품'에서 '중국의 브랜드'로, '메이드 인 차이나'에서 '메이드 바이 차이나', '크리에이트 인 차이나'로 이동 중인 것이다.

첨단기술이 바꾸고 있는
생산공정

생산과 무역의 중심지 광둥 성에 위치한 청바지 전문업체 에버스타(Everstar)의 공장에는 수십 명의 봉제공이 청바지를 만들고 있다. 여느 청바지 공장과 다를 바가 없는 풍경이다. 하지만 이 회사의 생산공정은 남다르다. 지난 4년에 걸쳐 개발한 '스마트 재단' 시스템이 생산공정에 혁신을 일으키며 기존과는 완전히 다른 방식으로 청바지를 만들어내고 있기 때문이다.

청바지 시장에서 혁신을 일으킨 '스마트 재단'은 일종의 맞춤 제작 시스템이다. 소비자는 이 시스템을 활용해 자신의 치수에 맞는 자신만의 옷을 만들어낼 수 있다. 매장에서는 물론이고 집에서도 가능하다. 소비자의 치수와 그가 원하는 디자인을 컴퓨터에 입력시키면 단 20초 만에 맞춤형 재단이 완성된다. 실제 치수에 맞춤한 것이라 낭비되는 천은 없으며 보통 이틀이 걸리는 워싱 가공도 금방이다. 숙련공의 기술이 필요했던 기존의 방법에서 벗어나 기술적인 데이터로 재단이 가능해지자 제품 회전율은 높아졌고, 재고는 줄어들었다. 하지만 무엇보다 큰 장점은 자신만의 개성을 추구하는 20~30대 젊은 소비자의 수요를 만족시켰다는 것과 72시간 내로 소비자가 제품을 받아볼 수 있다는 데에 있다. 그런데도 에버스타 청바지의 가격은 그리 높지 않다. 소비자들은 299위안(약 5만 원)만 내면 자신만의 청바지를 구입할 수 있다.

판유빈
청바지 전문업체 에버스타 CEO

이 설비가 도입된 후 저희는 72시간 이내로 제품을 소비자에게 보낼 수 있게 되었고, 아디다스, 나이키 등 세계적으로 유명한 회사들과 협력하게 됐습니다. 젊은 층의 시장이 굉장히 크기 때문에 맞춤형 주문 생산으로 젊은이들의 개성 있는 수요를 만족시켰습니다.

에버스타는 2008년에 설립되었지만 2013년 스마트 재단을 도입하기 전만 해도 그리 매출이 좋은 기업은 아니었다. 더군다나 2008년은 세계적으로 경기가 좋지 않았던 시기라 많은 어려움을 겪었다. 하지만 같은 경기 상황에서도 꾸준히 매출을 올리고 있는 청바지 판매업자를 보고 에버스타의 CEO 판유빈은 의문을 가지게 되었다.

'이 어려운 시기에 저 사람은 어떻게 회사를 꾸준히 성장시킬 수 있는가.'

그는 그 이유를 찾았다. 그 판매업자는 고객을 한정하여 빅 사이즈 바지를 판매한 것이다. 에버스타도 빅 사이즈 바지 시장을 공략하기로 했지만 자체적인 고객을 확보하지 못한 상황에서 대량생산은 위험했다. 에버스타는 이를 해결하는 방법으로 스마트 재단을 생각해냈다. 이것은 임금 상승으로 노동 경쟁력이 점점 약해지고 있는 중국에서 기업의 생존을 위해서라도 필요한 일이었다. 실제로 에버스타는 스마트 재단 시스템을 도입한 후 2년 만에 기존 직원의 50%만으로 청바지를 제작할 수 있게 되었으며 매출 향상도 꾀할 수 있게 되었다.

❙ 스마트 재단 시스템 덕에 소비자는 집에서 자신의 치수를 입력하고 원하는 디자인을 선택하기만 하면 맞춤 제작한 청바지를 받아볼 수 있게 되었다.

또한 기성복에 자기 몸을 맞추는 것이 아니라 내 몸에 옷을 맞춤하는 전략을 사용해 청바지 시장에서 높은 경쟁력을 가질 수 있었다.

최근 중국 정부는 중국 제조업의 기초를 다질 수 있는 스마트 시스템에 높은 관심을 보이고 있다. 스마트 시스템을 적용하는 사람들과 기업이 많아져야 전체 산업에서 이를 응용할 수 있으며, 그 가치를 최대치로 이끌어낼 수 있다. 에버스타는 중국 정부가 추구하는 스마트 시스템의 사례를 성공적으로 보여주었기에 중국 정부의 많은 관심을 받고 있다.

판유빈
청바지 전문업체 에버스타 CEO

스마트 시스템은 효율성이 뛰어납니다. 예전에는 숙련공의 기술이 필요했던 부분도 기술적인 데이터로 대체될 수 있게 됐습니다. 스마트 재단으로 축적된 재단사의 기술을 20~30년, 200~300년 후에도 발휘할 수 있게 된 것입니다.

공업용 로봇이 대체한
노동시장

라푸테크놀로지(Rapoo Technology)
는 무선키보드, 무선마우스 등 중국의 무선 제품 시장에서 1위를 차
지하고 있는 기업이었다. 하지만 키보드와 마우스 시장이 발전의 정
점을 찍고 경쟁도 치열해지자 새로운 전환점을 모색하게 된다. 라푸
테크놀로지는 발전 가능성이 크고 마진율이 높은 드론 시장으로 눈
을 돌렸다. 그리고 2015년 1월 설립한 '선전 링터우'에서 드론을 연
구개발한 후, 그 해 '자이로(Xiro)'라는 브랜드로 드론을 출시했다. 라
푸테크놀로지의 변화는 성공적이었다. 이 기업의 드론은 전 세계 4
대 상을 수상할 정도로 좋은 평가를 얻어냈다.

라푸테크놀로지의 드론이 이처럼 빠르게 성장할 수 있었던 배경
에는 로봇이 자리하고 있다. 라푸테크놀로지는 2010년부터 로봇 도
입 계획을 추진, 스웨덴 에이비비(ABB) 산업용 로봇 80대를 수입했
다. 현재 라푸테크놀로지는 중국의 상위 30위 안에 드는 스마트 공
장을 갖추고 있다. 공장은 모두 자동화가 이루어져 있어서 재료 투입
부터 제품 생산까지 모든 공정에 로봇이 투입된다. 라푸테크놀로지
의 공장에 로봇이 투입된 이후, 투입된 노동력 대비 생산량이 크게
늘어 이 회사는 연간 160만 달러(17억 6,000만 원)의 비용을 절감하고
있다.

쉬하오
드론 제조업체 라푸테크놀로지 CEO

자동화 이전에는 6억 개 제품을 생산하는 데 공장 전체에 3,500명 정도의 인력이 필요했습니다. 스마트 생산을 도입한 이후 1,100명으로 8억 개 제품을 생산할 수 있게 되었습니다. 효율성이 엄청나게 향상된 거죠.

로봇 자동화는 세 가지 점에서 장점을 가진다. 첫째, 노동 비용을 절감해 가격경쟁력에서 우위를 점할 수 있다. 둘째, 불량률이 줄어든다. 사람이 만들 때에는 각 단계에서 인위적인 요소가 많이 들어가면

┃ 라푸테크놀로지의 생산 라인에 투입된 산업용 로봇. 모든 공정에는 로봇이 투입된다.

서 불량률이 5%대에 이르렀는데 로봇을 통한 스마트 공정을 도입한 이후에는 똑같은 규격이 유지되면서 불량률이 1%대로 떨어졌다. 셋째, 공장을 24시간 내내 운영할 수 있어서 더 많은 양의 제품을 빠른 시간 내에 만들 수 있다.

이러한 장점에도 불구하고 아직 중국의 산업현장에서는 미국이나 한국에 비해 로봇 보급률이 떨어진다. 이에 중국 정부는 세금 인센티브, 보조금 지급 등의 혜택을 줌으로써 국내 제조업에 로봇 도입을 장려하고 있다. 그 결과, 로봇 도입은 이제 중국 산업계 전체로 확산되고 있는 추세다. 생산직 근로자들의 임금 향상, 이직률의 상승은 중국의 많은 업체들이 로봇을 도입하는 데 결정적인 이유가 되었다. 또한 지난 10년 사이에 로봇 가격이 하락함으로써 2008년에 평균 11.8년이 걸렸던 로봇 투자비의 회수 기간이 현재 1.3년이면 충분하다는 사실도 로봇 도입을 더 쉽게 만들고 있다.

하지만 로봇의 도입은 필연적으로 노동자를 해고시키고 실업률을 높이는 현상으로 이어진다. 로봇 자동화로 인해 원가절감, 생산효율의 상승 같은 이익은 얻을 수 있지만 장기적으로 볼 때 소비자들이 돈을 벌지 못하게 되면서, 로봇 자동화는 오히려 경제성장의 걸림돌이 될 수도 있다. 하지만 이미 세계는 로봇 자동화 추세로 나아가고 있으며, 중국은 더 이상 값싼 노동력으로 경쟁할 수 없는 상황이다. 중국 정부는 대기업의 로봇 자동화를 적극적으로 추진하겠다고 밝히고 있다. 이제 로봇 자동화는 선택이 아니라 필수가 된 것이다.

왕짠하이
드론 제조업체 라푸테크놀로지 과학기술 부사장

2010년에 중국의 제조업 총량이 미국을 추월했습니다. 하지만 실상으로 보면 1억 명의 중국 노동력과 1,000명의 미국 노동력이 같다고 볼 수 있습니다. 노동력 질량으로 보면 미국, 일본, 한국 등이 더 잘 되어 있는 거죠. 그래서 우리는 생산효율성 개선에 더 많은 힘을 쏟아야 합니다. 개인적 바람은 우리 후대가 생산화 쪽을 더 체계적으로 잘 발전시켰으면 좋겠습니다.

제조업의 체질을 바꾸는
중국 제조 2025

칭화대학교 후안강 교수의 연구에 의하면 중국의 35개 주요 공업 제품 중 18개는 최고치에 도달한 이후, 하락세로 접어들기 시작했다. 대신 최근 5년 사이 전기자동차, 스마트 공장, 고속철도 등의 첨단기술 산업으로 발전하고 있다. 저비용 산업에서 고비용 산업으로의 전환이 이루어지고 있는 시점에서 중국 정부는 시의 적절하게도 '중국 제조 2025' 정책을 제시했다.

에스와르 프라사드
미국 코넬대학교 경제학과 교수

중국에 지금 필요한 건 저숙련, 저임금 제조업에서 하이테크 제조업으로 전환하는 일입니다. 중국은 중산층 경제로 이동하고 있어 임금도 오르는 중이죠. 중국은 베트남이나 방글라데시, 심지어 인도와 비교해도 머지않아 경쟁력이 떨어질 수 있습니다. 그러므로 중국은 부가가치 체인을 높여야 합니다.

'중국 제조 2025' 정책은 인터넷과 제조업의 융합을 통한 중국 10대 산업의 업그레이드를 주요한 목표로 삼고 있다. 이제까지 중국 제조업은 주요기술 및 핵심부품의 대외의존도가 높아 제조업의 발전에 걸림돌이 되어 왔다. 실제로 중국 제조업의 평균 설비 가동률은 약 72% 지속 하락했으며, 미국과의 노동생산성을 비교해봤을 때 3.5배 정도의 차이를 보였다. 이를 개선하기 위해 중국이 '중국 제조 2025'를 통해 추진하고자 하는 것은 제조업 공장의 스마트화다. 제조공정의 기술혁신과 첨단설비의 투자를 촉진하고, 제조업 혁신센터를 건설하여 스마트 제조, 친환경 제조, 첨단장비의 혁신, 산업 기초

**첨단기술에 대한 꾸준한 투자로 중국은 태양전지, 풍력발전, 세탁기, 냉장고, 에어컨, CCTV 등 8개 분야에서 세계 1위로 평가받았다.

를 굳건히 하고자 한다. 이 같은 목표 아래 중국 정부의 청사진은 세 단계로 나누어진다. 첫 번째 단계는 2025년까지 세계 제조업의 강국 대열에, 두 번째 단계는 2035년까지 제조업 강국의 중등 수준에, 세 번째 단계는 2045년까지 세계 제조업 강국의 선두에 도달하겠다는 것이다. 이를 위해 중국 정부는 로봇 사업, 항공우주 설비, 해양 엔지니어 설비 및 기술 선박, 바이오 의약 및 의료기계 발전에 투자를 아끼지 않는다. 첨단기술에 대한 꾸준한 투자 결과로 중국은 로봇, 전기차, 드론 같은 미래 산업 분야의 새로운 강자로 급부상하고 있다.

현재 세계 산업로봇 중 4분의 1이 중국에서 움직이고 있으며 로봇 자동화로 중국의 공장들은 더 스마트해지고 있다. 24시간 동안 수천

회나 같은 동작을 반복해도 지치지 않는 로봇을 사용하면서 생산량은 물론 품질도 향상되었다. 노동집약적 제조업에서 탈피해 스마트한 제조 강국으로 중국이 업그레이드되고 있는 것이다.

왕짠하이
드론 제조업체 라푸테크놀로지 과학기술 부사장

우리의 전체적인 혁신은 '중국 제조 2025' 정책에 따른 혁신입니다. 이에 따른 자동화와 로봇 도입은 생산라인의 효율성을 빠르게 향상시켰습니다. 국가적으로 7~8년 전부터 자동화를 시작했는데, 현재는 생산라인에 우수한 로봇을 활용하는 기업들이 많아졌습니다.

'중국 제조 2025'는 제조업 분야에서 종합적인 제조업 능력을 키우는 정책이다. 종합적인 제조업 능력은 3차 산업혁명인 정보화 혁명, 친환경 제조와 친환경에너지를 포함해 4차 산업혁명인 스마트화 혁명을 필요로 한다. 완벽한 산업 사슬은 산업화와 정보화, 산업화와 친환경화의 융합을 통해 이루어지며, 그것이 국제적 경쟁력 강화로 이어지기 때문이다. 이 같은 이유로 '중국 제조 2025'는 중국에겐 중요한 전환점이 될 수밖에 없다.

04
중국에서 가장 빨리 열린 인터넷 세상

인터넷으로 바뀐
사람들의 일상

최근 중국 정부는 혁신을 전폭적으로 지원하고 장려한다. 그 규모와 내용 역시 다른 나라에 비해 압도적이다. 자금은 물론이고 지적재산권 보호에도 힘씀으로써 창업가가 자신감을 갖고 꿈을 이룰 수 있는 환경을 조성하고 있다. 또한 중국 정부는 인재 육성에도 적극적이다. 주로 생산과 제조에 중점을 두었던 예전과는 다른 면모다. 이 같은 분위기는 특히 IT 산업 분야에서 두드러진 발전을 이끌어냈다.

중국은 이제 발달된 기술력으로 모바일 기기, 온라인 서비스 등 다양한 분야에서 앞서나가고 있다. 또한 경제성장과 더불어 발전한 전자상거래 시장 규모는 2013년에 이미 미국을 제치고 세계 최대 규모로 우뚝 서기까지 했다. 이것은 중국인들의 일상생활까지도 바꾸어놓고 있다.

오늘날 많은 중국인들은 스마트폰을 들고 다니며 결제와 쇼핑을 어디에서나 할 수 있게 되었다. 간편한 결제 시스템은 인터넷 쇼핑을 부담 없게 만드는 데 일조했다. 인터넷, 스마트폰과 함께 성장하고, 그것을 일상의 필수도구로 사용하게 된 세대를 중국에서는 이른바 'Y세대'(이들을 세분하여 1980년대 생을 '빠링허우', 1990년대 생을 '지우링허우', 2000년대 생을 '링링허우'라고 일컫기도 한다)로 부른다. Y세대는 SNS로 세상과 소통하고 스마트폰을 통해 생활한다.

중국의 상하이 첨단산업 개발구에는 국민 메신저 '위챗(WeChat)'으로 유명한 인터넷 기업 '텐센트'가 있다. 그 회사의 직원 저우센하이도 Y세대다. 그녀 역시 트렌드에 민감한 스마트한 소비자로서 대부분의 일상을 스마트폰으로 해결한다. 고객과의 외부 미팅 전에는 스마트폰 앱을 활용해 목적지까지 타고 갈 차량을 미리 부르고, 업무 시간 짬짬이 생필품을 스마트폰으로 검색해 결제하고 주문한다. 이제 그녀는 스마트폰이 없는 세상을 상상조차 할 수 없게 되었다. 그녀는 중국의 모바일 결제가 다른 아시아 국가나 미국, 유럽보다 더

▌ 중국의 노점상은 QR코드를 통한 모바일 결제가 일반화되어 있다.

편리하다고 말한다. 신용카드나 현금을 사용해야 하는 다른 나라와
는 달리 중국은 어디서나 스마트폰만으로 바로 결제할 수 있기 때문
이다. 실제로 중국은 대형 쇼핑몰은 물론이고 노점상에서도 스마트
폰으로 결제가 가능하다. 과일이나 음식 등을 파는 노점상 앞에 QR
코드가 붙어 있는 모습을 흔히 볼 수 있는데, 소비자가 원하는 물건
을 고른 후 위챗페이(WeChat Pay)나 알리페이(Alipay) 등의 모바일 결
제 앱으로 QR코드를 인식하고 금액만 누르면 쉽게 결제가 끝난다.
모바일 결제만 받는 가게도 있을 정도로 일반화되어 있다.

조 스터드웰
아시아 경제 전문가, 《아시아의 힘》 저자

중국에서는 사람들이 스마트폰을 사용해 일을 다 처리하죠. 우선 우리

가 보게 될 것은 모바일 세상으로, 중국은 여러 국내 서비스를 효율적으로 개선할 수 있습니다. 그리고 이어서 그런 개선이 다른 국가에서도 적용되는 상황을 볼 수 있을 것입니다.

중국 모바일 시장의 성장세는 가히 폭발적이다. 이동통신 가입자는 무려 13억 명에 이르며, 2009년 3.6%에 불과했던 전자상거래 시장 규모는 2016년에 18.2%까지 상승했다. 이것은 7년 만에 5배나 오른 수치로, 속도는 물론이고 양에서도 가히 폭발적인 위력을 보이고 있는 것이다. 이 같은 위력은 '광군제'(중국의 11월 11일로, 솔로를 위한 날이자 중국 최대 규모의 온라인 쇼핑이 이뤄진다)에서 여지없이 드러난다. 2016년 광군제에서 매출 100억 위안(1조 6,800억 원)을 돌파하는 데 걸린 시간은 단 6분 58초로 전년도 기록인 12분 28초보다 5분 이상 빨라졌다. 광군제 매출도 2015년 912억 위안(15조 3,216억 원)에서 2016년 1,207억 위안(20조 2,776억 원)으로 30% 이상 증가했다.

중국의 시장조사 회사 아이리서치(iResearch)의 보고서에 따르면 2017년 중국 전자상거래 시장의 거래 규모는 24조 위안(4,032조 원)에 달할 전망이다. 이렇게 단기간에 중국의 전자상거래 시장이 확장된 배경에는 '알리바바(Alibaba)'가 있다.

1999년 마윈이 창립한 기업 알리바바는 B2B 온라인 거래 서비스를 만들어 기업 간 거래를 온라인상에서 실현시켰다. 2003년 오픈마

█ 2015년 광군제에서 알리바바가 매출 100억 위안을 돌파하는 데 걸린 시간은 12분 28초였다. 이 듬해 2016년에는 6분 58초로 더욱 빨라졌다.

켓 '타오바오(Taobao)'를 창립한 후에는 무료 결제 플랫폼인 '알리페이'를 구매자들에게 제공했다. 알리페이로 결제받는 오프라인 업체들이 많아지면서 중국인들은 이제 지갑을 꺼낼 필요가 없게 됐다. 백화점이나 편의점에서 구입한 물건을 계산할 때뿐 아니라 식당에서 밥을 먹거나 택시를 탈 때도 스마트폰 하나만 있으면 결제가 가능해졌기 때문이다. 게다가 스마트폰으로 결제할 경우에는 현금을 지불할 때와 달리 다양한 할인 혜택이나 쿠폰을 받을 수도 있다. 이러한 장점은 중국의 소비자들을 전자상거래로 돌아서게 만드는 역할을 해왔다.

조너선 폴락
미국 브루킹스 연구소 선임연구원

중국 소비자들은 인터넷 기술을 아주 폭넓게 사용하고 있습니다. 중국은 현재 7억 명 이상의 인터넷 사용자들이 있거든요. 이것은 중국 국민의 전 연령대에서 2명 중 1명이 그런 능력을 갖고 있다는 것을 뜻하죠. 전 연령의 중국 국민들이 인터넷 기술에 익숙합니다. 그리고 이러한 이점을 활용할 자본과 기술이 충분하죠.

빅데이터에 의한
무결점 배송 시스템

중국은 한반도의 44배에 이르는 광활한 땅을 가진 나라다. 따라서 중국은 한국과 달리 결제에서 배송까지 이르는 시간이 길어질 수밖에 없는 환경이다. 또한 물류 수요의 규모에 있어서도 다른 국가와는 비교가 되지 않을 정도로 어마어마한 양을 자랑한다. 이에 중국 정부는 2013년 9월 '전국 물류원구 발전규획'을 발표하고 중국 전국에 있는 물류단지의 노선도를 확장시켰다. 도시 100곳에 물류단지를 형성함으로써 수백 개의 물류 창고에 상품을 분산 배치시킬 수 있도록 한 것이다. 이는 지리적 단점을

중국대륙 물류기지

우루무치

하얼빈

란저우

베이징 텐진

시안 정저우

청두 허페이

라싸 우한 상하이

창사 난창

구이양 원저우

쿤밍

구이린

광저우

| 물류 혁신을 위해 중국 정부는 2013년 주요 도시 100곳에 물류단지를 만들었다.

극복하고 빠른 배송을 구현시키기 위해서다.

　중국에서 전자상거래 시장을 폭발적으로 성장시키고 있는 알리바바를 예로 들어보자. 알리바바는 전국 수백 개 물류센터와 연결되어 있다. 주문이 들어오면 '빅데이터 시스템'이 가동된다. 빅데이터 시스템은 가장 가까운 물류 창고에서 상품 위치, 포장 방법, 배송 회사까지 단 15초 만에 결정하는 시스템이다. 모든 정보는 온라인으로 연결되어 있어 출고까지 걸리는 시간은 단 30분에 불과하다. 빠르고 저렴한 배송 시스템은 온라인 쇼핑 시장을 더 확장시켰다. 상하이나 베이징

같은 대도시는 배송까지 하루도 걸리지 않는다. '빅데이터에 의한 예측'은 알리바바가 자랑하는 무결점 배송 시스템의 핵심이기도 하다.

장이
중국 알리익스프레스 판매 총감독

고객이 주문하기 전에 미리 축적된 데이터를 통해 제품 주문량을 예측해 저희 판매자가 제품을 창고에 준비해두는 것입니다. 그러면 주문을 받은 후에 현지 창고에서 바로 물건을 보내면 되죠.

알리바바는 내수시장에서 구축한 배송 시스템을 세계시장으로 넓혀가고 있다. 제2의 아마존으로 떠오르고 있는 글로벌 쇼핑몰 '알리익스프레스(Aliexpress)'가 그것이다. 알리익스프레스는 2010년 4월 서비스를 시작한 후발 주자지만 벌써 세계 220개국에 진출해 있다. 아마존이나 이베이보다 월등히 저렴한 판매가격 때문이다. 일단 제품 자체가 가격 경쟁력에서 우위를 점한다. 유사 제품의 경우 '메이드 인 차이나' 제품은 아마존이나 이베이에 비해 월등하게 싸다. 그뿐만 아니라 동일 상표의 제품이라 해도 알리익스프레스에서 판매하는 제품이 더 싼 경우가 많다. 중국 공장에서 생산한 미국이나 유럽 제품을 브랜드만 떼고 판매하기 때문이다. 이에 더하여 획기적으로 낮춘 물류비용도 가격경쟁력을 갖추는 데 한몫했다. 알리익스프레스의 배송 시스템은 주문에서 배송까지 심하면 한 달씩 걸리기도 하는 아마존이나 이베이보다 더 빠른 배송을 할 수 있게 만들었다. 중국 우체국의 항공 우편을 통해 빠르면 1주일, 길어도 2주면 배송이 완료된다.

빠른 배송과 더불어 '알리페이 원클릭 간편결제 시스템'도 알리바바가 세계시장에 무사히 안착할 수 있게 만든 중요한 요인이다. 알리페이 원클릭 간편결제는 계정을 개설한 후 알리페이 사용 금액을 충전하는 시스템이다. 충전은 웹사이트와 모바일 앱에서 모두 가능하다. 충전용으로 연결한 은행계좌나 신용카드를 선택, 희망 금액과 개인정보 인증을 완료하면 된다. 그런데 이 같은 과정은 알리바바 쇼핑을 처음 이용할 때만 필요하다. 두 번째 쇼핑부터는 이전에 등록한 카드 결제 정보로 바로 결제가 가능하도록 되어 있기 때문이다.

장이
중국 알리익스프레스 판매 총감독

우리는 고객들의 쇼핑 패턴과 수요에 대해서 수년간 추적해왔고, 오랫동안 데이터를 쌓아왔습니다. 향후 이러한 데이터를 이용해 국가별 소득 계층과 제품 선호도를 분류할 수 있을 것입니다. 이것이 지금 우리 알리바바가 하고 있는 일입니다.

항저우에 위치한 알리바바 본사와 물류센터. 알리바바는 중국 전자상거래 시장을 폭발적으로 성장시킨 주역이다.

빠른 배송과 간편결제는 온라인 쇼핑을 하는 고객들에겐 상당히 매력적인 일이다. 바로 이러한 이유로 알리바바는 2014년에 이미 전 세계 1위 전자상거래 기업으로 부각되었으며 중국 국내총생산의 2%를 차지할 정도의 성장세를 보이고 있다.

모바일에 의한
물류 혁명

해발 1,000미터 이상의 고원지대에 위치한 구이저우 성 단자이 현은 '중국 속의 오지'로 불린다. 변방에 위치한 이 마을은 수천 년간 정지된 시간 속에 놓여 있었다. 그런데 이곳에도 변화의 바람이 일고 있다.

단자이 현 사람들에게 변화를 가져다 준 가장 큰 선물은 인터넷과 교통의 발달이다. 오지까지 설치된 인터넷망은 단자이 현 사람들에게도 클릭 하나로 물건을 구입하고 집에서 편안하게 배송 받을 수 있도록 해주었다. 인터넷을 설치하기 전까지만 해도 마을 사람들은 필요한 물건을 구입하기 위해 꼬박 하루를 걸어 시장에 가야 했다. 그리고 다시 하루를 걸어 집으로 돌아가야 했다. 이제는 시장에 갈 때 1박 2일이라는 긴 시간을 허비할 필요가 없다. 교통의 발달은 단자이 현 사람들에게도 신속한 이동을 가능하게 해주었다. 그곳에서 베를 직접 짜서 전통 의상을 만드는 일을 하는 사람인 와아둥은 과거에는 옷을 판매하기 위해 시장에 직접 나가야 했지만 이제는 집에서 주문을 기다리기만 해도 된다. 아름다운 색감과 자수, 은장식이 특징인 그녀의 옷을 사람들이 인터넷으로 찾아낼 수 있게 되면서 온라인 주문이 부쩍 늘었기 때문이다.

인터넷과 교통의 발달은 중국 전역의 화물차 기사에게도 새로운 시대를 열어주었다. 그 대표적인 예로 '훠처방(貨車幇)' 애플리케이션을 들 수 있다. 훠처방은 중국 전역의 화물차 기사 400만 명이 가입된 화물 정보 플랫폼이다. 사용 방법은 간단하다. 먼저 화물차 기사는 모바일을 통해 훠처방 앱에 접속한 후 자신이 있는 지역을 입력한다. 그럼 주변에 물류 배송이 필요한 사용자 및 일거리를 찾는 화물차가 화면에 뜬다. 화물차 기사들은 이렇게 일거리를 찾을 수 있다. 그 덕분에 화물차 기사들은 목적지에서 출발지로 돌아갈 때도 빈 트럭으로 가지 않게 되었다. 물류 배송을 해야 하는 사용자들 역시 훠처방 앱을 통해 화물차 기사의 정보나 평가를 볼 수 있으므로, 믿고 일을 맡길 수 있으며 가격 협상까지 가능하다.

뤄펑
중국 화물 정보 플랫폼 훠처방 CEO

운송업계에서 훠처방 플랫폼은 상호 간에 믿음을 갖고 신뢰하면서 일할 수 있는 공간이 된 겁니다. 작년에 절약된 유류비의 수치만 대략 500억 위안(8조 4,000억 원)이었습니다. 빈 화물차가 줄면서 매연 배출량은 약 2,700만 톤 감소했습니다. 대단한 수치입니다.

훠처방은 중국 IT 기업 텐센트가 2012년 출시한 어플리케이션이다. 빅데이터 기술과 인터넷을 통해 화물차 운전기사와 이용자들을 연결해주는 아이디어에서 시작된 훠처방은 전국에 서비스 지점만 1,000곳이 넘는 중국 최대의 도로 물류 정보 플랫폼으로 발전했다. 또한 여기서 한 단계 더 나아가 지금은 금융상품까지 대출해주는 인터넷 은행의 역할까지 하며 틈새를 파고들었다.

그동안 중국의 화물차 운전기사들은 대출의 사각지대에 있어왔

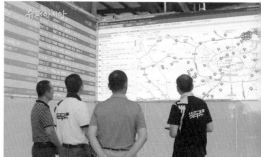

▌화물주와 기사를 연결하는 훠처방 애플리케이션. 로비에 설치된 대형스크린과 스마트폰을 통해 매일 500만 개의 화물 정보가 업데이트된다.

다. 중국 은행은 신용 대출에 대한 규정이 까다로운데 화물차 운전기사들은 일감이 일정하지 않아서 신용도가 낮기 때문에 대출을 받기가 어려워 금리가 높은 대부업체를 이용할 수밖에 없었다. 그런데 훠처방은 화물차 기사들의 누적 데이터를 바탕으로 그들의 신용도를 평가할 수 있었다. 고객에게 성실하고 평판이 좋은 화물차 기사일수록 일감이 많기 때문에 일감의 수로 신용도 등급을 매기는 식이다. 이런 방식으로 화물차 기사들의 신용도를 평가한 후 신용도가 높은 기사에게는 텐센트가 설립한 중국 최초의 민영 인터넷은행 위뱅크(WeBank)에서 먼저 연락해 대출 영업을 하고 있다.

이 같은 시스템은 "이제 IT의 시대는 가고 DT(Data Technology)의 시대가 온다"는 알리바바 창업자 마윈의 주장과 부합되는 것이다. 단지 IT를 통해 편리한 생활을 지향하는 것을 넘어서 데이터를 활용해 돈을 버는 시대가 우리 앞에 놓여 있다. 휘처방은 IT와 DT의 결합을 구체적으로 보여주는 하나의 예시와 같다.

후안강
중국 칭화대학교 국정연구원 원장

물류의 혁신은 거래 비용을 대폭 감소시켰습니다. 마우스로 클릭만 하면 물건이 바로 집에 옵니다. 거래 시간을 단축시키고 물류비용을 낮췄을 뿐 아니라 가장 중요한 것은 새로운 서비스가 창출되고 있다는 사실입니다. 이러한 서비스는 미국과 유럽에도 없는 서비스입니다.

중국은 오랫동안 균형 있는 발전을 꾀하기 힘들었다. 드넓은 땅, 낙후된 인프라가 그 이유였다. 하지만 현재 중국은 인터넷을 통한 '디지털의 길'에다가 고속철 같은 '땅 위의 길'이 함께 합쳐지면서 그 어느 때보다 역동적으로 움직이고 있다.

05
미래 산업의
새로운 강자

사막 위에 건설한
세계 최대 태양광발전소

고비 사막 위의 도시 중국 칭하이 성 거얼무는 중국 태양광 산업의 발전을 여실 없이 보여주는 곳이자 '태양의 도시'로 거듭난 곳이다. 축구장 240개를 덮을 만한 면적에 태양광 전지 210만 개가 설치된 세계 최대 규모의 태양광발전소가 이 도시에 완성됐기 때문이다. 칭하이 성은 매년 평균 일조량이 3,000시간 안팎에 달해 태양광전지 전력 네트워크를 구축하기 좋을 지역으로 꼽혀 왔었다. 중국이 이 지역에 태양광발전소를 짓기로 결

칭하이 태양광 발전기지

▌사막 위의 도시 칭하이 성 거얼무에 설치된 세계 최대의 태양광발전소. 중국 정부는 태양광발
전을 미래 전략산업으로 육성하고 있다.

정한 이유다.

태양광발전 산업은 중국 정부가 육성하는 미래 전략산업 중 하나
다. 신에너지와 에너지 전환, 청정에너지 기술을 중시하는 정책 방향
때문이다. 이것은 석탄 사용량이 70% 이상을 차지하는 중국의 현실
과도 무관하지 않다. 미국과 일본의 석탄에너지 의존도가 20~30%
에 불과한 것과 비교하면 중국의 석탄에너지 의존도는 상당히 높은
수준이다. 석탄에너지 의존도가 높을수록 환경오염은 극심해진다.
베이징의 극심한 스모그의 주요 원인도 바로 석탄 때문이다. 석탄 사
용을 줄이려면 먼저 대체에너지의 개발이 절실하다. 중국 정부는 이
부분에 주목하고, 태양에너지 및 풍력에너지 등에 눈을 돌려 2025년

까지 이들 에너지의 비중을 10% 이상 늘릴 계획을 세웠다. 친환경에 너지는 자연환경을 훼손하지 않으면서 사람들의 삶에 편리함을 제공하기 때문이다.

태양광 산업을 발전시키기 위한 계획 중 하나로 중국 정부는 태양광발전 기업에 자금을 지원하고 있다. 2001년에 설립된 아터스(阿特斯)는 태양광발전 산업과 관련된 제품을 생산해온 기업이다. 정부의 지원에 힘입어 아터스는 중국 태양광 분야에서는 최초로 나스닥에 상장했으며, 2014년에는 매출 34억 달러(3조 7,400억 원)를 달성하며 전 세계 태양광발전 기업의 선두 기업으로 올라섰다.

아터스의 CEO 취샤오화가 처음 태양광 업계에 발을 들인 20년 전만 해도 중국의 태양광 산업이 오늘날처럼 발전적이지는 않았다. 당시 중국의 태양광발전 업계는 규모가 작았을 뿐만 아니라 생산라인도 낙후되어 있었다. 하지만 지금은 세계 태양광 산업을 선도할 정도로 생산 규모가 확대되었고 제품의 품질도 대대적으로 향상되었다.

취샤오화
중국 태양광발전 기업 아터스 CEO

10년 내로 태양광발전 전지의 효율을 20~30%로 올리고 비용을 더 낮출 것입니다. 이로써 태양광발전 같은 친환경에너지를 저가로 집집마다 사용할 수 있게 할 것입니다.

이외에도 중국 정부는 국가전력망에서 떨어진 농촌 지역에 에너지를 보급하고자 지역 곳곳에 발전소를 설치했다. 또한 연평균 복사량에 따라 중국을 태양에너지 4대 지역으로 분류하여 태양광발전을 체계적으로 이끌어나가는 중이다.

현재 가장 많은 태양광발전 용량을 가진 국가는 독일이다. 하지만 태양광발전에서 세계 최고를 꿈꾸고 있는 중국의 추격은 심상치 않다. 유엔환경계획에 따르면 중국은 그 어떤 나라보다 더 많은 태양광 용량을 추가로 설치했는데, 신재생에너지에 대한 투자 금액이 833억 달러(91조 6,300억 원)에 이른다. 이것은 전 세계 투자량의 39%에 해당하는 수치로 투자 금액 2위를 차지한 미국의 배 이상이 넘는 금액이기도 하다. 중국은 여기에서 그치지 않고 2030년까지 비화석 연료가 차지하는 비중을 20%까지 확대할 계획을 갖고 있다.

조너선 폴락
미국 브루킹스연구소 선임연구원

중국 지도부는 깨끗하고 친환경적이며 덜 노동집약적인 첨단기술이 중국의 미래가 될 것을 확신하고 있습니다. 중국은 첨단기술에 대한 진정한 의지가 있습니다. 중국 지도부는 첨단 분야에서 중국이 앞서가기를 원하고 있죠.

인재에 대한 과감한 투자, 천인계획

아터스의 CEO인 취샤오화가 고국으로 돌아와 지난 20년 동안의 경험과 기술을 발휘할 수 있었던 것은 2009년 중국 정부가 실시한 '천인계획(千人計劃)' 덕분이다. '천인계획'은 중국 정부가 인재 유출을 막고 자국의 발전을 위해 인재를 양성하는 프로그램이다. 1978년 개혁개방 정책을 실시한 후 중국은 국가경쟁력을 갖추기 위해 인재를 유치해야 할 필요성을 절실히 느꼈다. 이것은 주요 선진국들도 마찬가지로, 부가가치가 높은 기술과 아이디어 등을 산업 발전에 유용하게 활용하기 위해서는 우수한 인재가 반드시 필요하다. 이 때문에 주요 선진국들은 자국의 인재 유출을 방지하고 해외 인재를 유치하는 데 많은 노력을 기울여왔다. 중국 역시 이러한 목표 아래 '천인계획'을 세웠다. '천인계획'의 전략은 세계적인 수준의 학자 및 교수 1,000여 명을 유치, 중국의 경제성장 및 산업 고도화를 이루는 것이다. '천인계획'은 2009년에 처음 시작되었다. 당시 중국 정부는 25명의 인재를 선발해 그들의 연구를 지원해주었다. 1차 '천인계획'에 선발된 취샤오화는 정부의 지원을 받아 태양광 산업을 발전시켰다.

이후로도 중국 정부는 주요 대학 및 연구소를 중심으로 '천인계획'을 실천에 옮겨왔다. 항공우주 기술, 에너지, 농업, 자원 환경 등에서 500여 명의 인재를 육성하거나 매년 50명에서 100명에 이르는 외국인 전문가를 유치함으로써 중국의 성장을 꾀하고 있다. 천인계획의 인재로 선정된 사람들은 연구지원금뿐 아니라 정착금, 주택, 의료, 교육 등 다양한 생활 지원을 받을 수 있다.

특히 2011년에 실시된 '청년 천인계획'은 젊은 인재들을 중국에 정착시키는 데 큰 도움이 되었다. 청년 천인계획은 40세 이하의 인재들을 지원하는 정책이다. 청년 천인계획은 매년 400명, 5년간 2,000명의 젊은 과학자를 중국에서 활동할 수 있도록 하는 계획이다.

취샤오화
중국 태양광발전 기업 아터스 CEO

'천인계획'의 인재들은 모두 자기 분야에서 중국을 넘어 전 세계에서 손꼽히는 인물입니다. 그들에게 주어진 '천인계획'이라는 칭호에 부끄럽지 않으려면 중국의 에너지를 청정에너지, 저탄소에너지로 전환하는 데 선구적 역할을 해내야 할 겁니다.

이 같은 계획은 실제로 많은 인재들을 영입하는 데 과시적인 효과를 보여주었다. 디스플레이 기업 로열(Royole)의 CEO 류쯔훙도 이러한 인재 중 하나다. 류쯔훙은 미국 명문 스탠퍼드대학교에서 박사학위를 받은 후 탄탄한 직장까지 얻었지만 고국으로 돌아와 '도전'을 택했다. 그의 도전이 이룬 성과는 가상현실을 활용한 스마트안경 모바일 영화관이다. 스마트안경에는 종이처럼 얇은 디스플레이가 들어 있는데, 현재 이 디스플레이는 세계에서 가장 얇은 것으로 정평이 나 있다. 또한 기존의 디스플레이와 달리 특정 모양에 구애받지 않고 다양한 모양으로 만들 수도 있다. 휴대성이 뛰어나 사용자가 원할 때 언제든 접거나 말 수 있는 장점이 있으며 다양한 첨단 IT 제품으로도 응용이 가능하다. 로열은 이 핵심기술 덕택에 창업 3년 만에 기업가치가 10억 달러(1조 1,000억 원)까지 뛰어올랐다. 그뿐만 아니라 로

| 로열이 개발한 종이처럼 얇은 디스플레이. 인재에 대한 과감한 투자는 중국을 창업 국가로 만들고 있다.

열의 CEO 류쯔홍은 '가장 주목해야 할 차세대 혁신 기업가'로 인정받고 있다.

정말 열렬히 이 일을 사랑합니다. 10년 전에 플렉시블(Flexible) 디스플레이 연구로 박사학위를 받았을 때부터 지금까지 이 기술에 대한 제 신념과 믿음은 단 한 번도 흔들린 적이 없습니다. 제게는 매우 중요한 일입니다. 앞으로도 계속 노력한다면 더 많은 인재들이 이 일에 뛰어들어 중국 과학기술의 혁신에 더 많은 일을 할 것입니다.

천인계획은 '1,000명의 세계 최고급 인력을 중국에 오게 하자'는 중국 정부의 슬로건 아래에서 진행되어 왔다. 일각에서는 이를 두고 '고급 인재 사냥 정책'이라는 말로 표현하기도 한다. 어찌 되었든 중국 정부는 인재의 중요성을 알고 있으며 정책적으로 국내외의 고급 인재 영입에 공을 기울여왔기에 미래 첨단산업에서 이 같은 주목할 성과를 낼 수 있었던 것이다.

빅데이터 산업의
거점이 된 구이양

인구 400여만 명이 사는 구이저우성의 구이양은 지금은 서남지구의 교통과 통신의 중추, 상업 무역과 관광 중심지로 이름이 알려져 있지만 예전에는 중국에서도 가장 낙후된 도시 중 하나였다. 그런데 중국 정부는 구이양을 빅데이터 산업의 메카로 만들겠다는 야심찬 계획을 세우고, 이곳을 빅데이터 발전 시범구로 지정했다.

2015년 5월, 구이양에서는 '빅데이터 산업박람회'가 개최되었다. 이 박람회는 빅데이터 산업을 중심으로 빅데이터 응용 및 융합, 데이터 안전, 산업 혁신, 산업 생태, 데이터 거래 및 개방, 인터넷 금융 등 빅데이터 관련 상품들을 주제로 하는 자리였다. 총 4개의 전시관에서는 알리바바, 구글을 비롯한 국내외 IT 기업들이 대거 참여해 신상품을 선보였다. 그리고 그다음 해인 2016년에 두 번째로 개최된 '빅데이터 산업박람회'는 국가급 행사로 격상, 리커창 총리가 개막식에 참석하기까지 했다. 화웨이, 바이두(Baidu), 텐센트, 알리바바 등 중국의 거물급 IT 기업 인사들도 대거 참여해 빅데이터 산업에 대한 관심과 투자 의사를 밝히기도 했다. 당시 참석한 빅데이터 업계 관계자는 1만여 명에 이르고, 일반 관람객은 약 9만 명에 이를 정도로 '빅데이터 산업박람회'는 국내외에서 큰 관심을 이끌어냈다.

빅데이터 플라자

▎중국 정부는 구이양을 '빅데이터 산업의 메카'로 만들겠다는 계획 아래 빅데이터 발전시범구
를 만들었다.

　최근 중국의 인터넷 경제는 비약적인 성장을 보인다. 전자상거래
를 비롯한 인터넷 경제가 2014년 중국 GDP의 7%의 차지했을 정도
다. 2016년 전자상거래 총 거래 규모는 6,810억 달러(약 749조 원)인
데 이 중 71%가 모바일 거래다. 인터넷 경제의 발전으로 각종 데이
터 수집은 폭발적으로 증가했으며, 이에 따른 데이터 센터의 수요도
증가하고 있는 상황이다. 중국 정부는 빅데이터 산업 발전에 주목하
고 빅데이터 발전 전략을 수립했는데 그 대표적인 도시가 구이저우
성의 구이양인 것이다.

　빅데이터는 디지털 환경에서 발생하는 방대한 양의 데이터를 말
한다. 빅데이터 자체로는 의미가 없지만 그것을 가공하고 분석하면
문제를 해결하고 예측할 수 있는 가치 있는 '자료'로 거듭날 수 있다.
이 자료는 공공부문부터 기업경영, 개인 신용평가까지 엄청나게 넓은 활용 범위를 갖고 있다.

중국 정부는 빅데이터 산업을 크게 네 가지 프로젝트로 나누어 구분한다. 첫째, 어떻게 빅데이터를 활용해 거버넌스(governance)를 할 것인가, 둘째, 어떻게 빅데이터를 활용해 관련된 산업 사슬을 만들 것인가, 셋째, 어떻게 빅데이터를 활용해 민생을 위할 것인가, 넷째, 어떻게 첨단 사슬을 들여와 빅데이터를 만들 것인가다. 이 네 가지 프로젝트 중 '빅데이터를 활용해 관련 산업 사슬'을 만들기 위해서는 플랫폼이 필요하다. 그 플랫폼이 바로 구이양에 설치된 세계 빅데이터 거래소인 것이다.

빅데이터 거래소는 말 그대로 빅데이터를 사고 팔 수 있는 곳이다. 중국은 2015년 세계 최초로 빅데이터 거래소의 문을 열었다. 아직 시범 단계에 불과하지만 문을 연 뒤 일 년 동안 1억 위안(168억 원) 규모의 거래가 실제로 이루어지기도 했다. 주요 고객은 기업이나 투자전문가들이다. 기업의 경우 빅데이터 거래소를 통해 구매한 데이터를 바탕으로 의사결정을 내리거나 경영 관리에 활용할 수 있다. 한 예로, 교통, 농업, 운송, 여행 등의 업계가 필요로 하는 기상 데이터를 구매할 수 있다면 미래를 예측하고 방향을 정하는 데 도움이 될 것이다. 투자전문가의 경우 빅데이터가 유망 산업이나 업계 동향 등을 판단하는 데 큰 도움이 된다.

사회 다양한 분야에서 필요로 하는 진정한 빅데이터는 정부가 지니고 있는 경우가 많다. 정부는 민생과 관련된, 모든 사회적 행위를 주도함으로써 자연스럽게 데이터를 수집할 수 있기 때문이다. 중국 정부는 이러한 빅데이터로 산업의 형성과 발전을 도모하고 있다.

류자링
주츠팡빅데이터 부사장

기업 유치를 할 때 빅데이터가 없으면 어떤 분야가 유망 산업인지 어떤 기업이 적합한지 모릅니다. 이 때문에 기업이나 업계의 방향, 신용 등의 정보가 필요합니다. 빅데이터는 좋은 기업의 투자를 유치하는 데 큰 도움이 됩니다.

쉬정
상하이 이디엔 그룹

저희 회사는 21세기에 들어 클라우드 컴퓨팅, 사물인터넷, 빅데이터를 새로운 성장동력으로 삼고 있습니다. 저는 '스마트 시티'를 대비한 솔루션과 적용 방법을 찾는 일을 하고 있습니다. 제 업무에서는 빅데이터가 매우 중요하기 때문에 상하이에 빅데이터 분석을 하는 데이터 센터도 설립했습니다.

중국의 우주개발 꿈은
실현되는가

2016년 10월 중국의 여섯 번째 유인 우주선 선저우 11호의 발사는 중국이 미국과 러시아의 뒤를 잇는 우주개발 강국임을 또 한 번 증명하는 하나의 사건이었다. 중국 지도부들은 발사 현장에 대거 참석함으로써 우주선 개발에 대한 의지를 보여주기도 했다.

그동안 우주개발의 강자는 미국과 러시아였으며 그 뒤를 유럽의 몇몇 국가와 일본이 쫓고 있었다. 그런데 2000년대로 들어서면서 중국이 반격에 나섰다. 1999년과 2001년에 무인 우주선 선저우 1호와 2호를 연달아 발사했으며, 2003년과 2005년에는 유인 우주선 선저우 5호와 6호를 발사하는 데 성공했다. 선저우 5호는 유인 우주선으로서는 미국과 러시아에 이어 세 번째로 성공한 사례였다. 우주개발에 박차를 가한 결과, 2008년에는 선저우 7호가 첫 우주 유영에 성공했다. 그리고 2011년 9월에는 중국 최초의 우주정거장 톈궁 1호가 성공적으로 발사되어 선저우 8호와 자동 도킹이 완료되었다. 현재 궤도상에 떠 있는 유인 우주정거장은 미국, 러시아, 유럽연합 등이 발사한 국제 우주정거장과 중국이 발사한 톈궁 1호뿐이다.

그러나 중국의 이 같은 성공은 어느 날 갑자기 이루어진 것이 아니다. 중국 정부는 1950년대 후반부터 우주과학기술의 기초를 다져왔

▌ 2016년 10월 중국은 여섯 번째 유인 우주선인 선저우 11호의 발사에 성공했다.

으며 국가 정책으로의 우주개발계획 프로젝트에 대한 지원을 아끼지 않았다. 중국은 2006년부터 5년마다 '우주개발 5개년 계획'을 만들어 공개하고 있는데 2016년 12월 발표한 '우주개발 5개년 계획'에는 2020년에 화성 탐사, 목성 탐사를 비롯해 외계생명체 탐구까지 하겠다는 포부가 담겨 있다. 그리고 이 계획을 위한 첫 발로 달을 선택했다.

우주개발 정책에 대한 중국 정부의 계획은 꾸준하며 장기적이다. 〈2016년 중국 항공우주 백서〉에 따르면, 2030년에는 35개의 위성으로 전 지구를 커버하는 것을, 2050년에는 화성에 우주인을 보내는 것을 목표로 삼고 있다.

홍인표
고려대학교 연구교수

지금 중국 지도부가 슬로건으로 내걸고 있는 건 혁신입니다. 그리고 이러한 혁신을 상징하는 것이 바로 중국의 우주개발입니다. 우주개발의 성공은 중국 국민의 자존심을 높여주죠. 그렇기 때문에 우주개발이 시진핑 주석이 말하는 차이나 드림, 즉 '중국의 꿈'을 실현할 방법이라고 생각하는 것이죠.

중국은 '우주개발을 통해 효과적이고 신뢰성 있는 국가안전보장 능력'을 갖추기 위해서 우주개발에 전력을 가하고 있다. 이것은 중국이 '우주기술력이 미래 군사력을 좌우한다'고 인식하고 있음을 보여주는 것이다. 실제로 중국은 이미 적을 감시할 뿐 아니라 적을 공격할 수 있는 '킬러 위성'까지 개발 중인 것으로 알려져 있다.

중국의 우주개발 계획이 차근차근 실행에 옮겨지고, 성공적인 결과를 낳게 된다면 중국은 그들이 바라는 대로 미국과 러시아와 어깨를 나란히 할 수 있는 우주 강국으로 거듭날 수 있을 것이다.

쫓아가는 중국이 아닌
앞서 나가는 중국을 꿈꾼다

중국은 개혁개방 이후 20년 동안 제조업 중심의 산업으로 경제 산업을 도모해왔다. 그 결과, 중국은 제조업 전진기지로서 성공적인 탈바꿈을 할 수 있었다. 하지만 중국은 여기에서 머물지 않고, 수출과 투자 중심의 산업에서 소비와 서비스 중심의 산업으로 체질을 개선하고 있으며 혁신과 첨단기술에서 나아갈 길을 찾음으로써 변모하고 있다.

2013년 시진핑은 "중화민족의 위대한 부흥이라는 목표를 위해 용맹하게 전진해야 한다"고 말하며, 이후로 대부분의 공식 행사에서도 '중국의 꿈'을 슬로건으로 내세웠다. '중국의 꿈'의 핵심은 혁신 주도형 발전 전략의 지속적 시행, 인터넷과 다른 분야의 빠른 융합, 신흥산업의 신속한 성장, 만인 혁신의 번영과 발전을 이루는 데 있다. 이와 더불어 중국과 동아시아가 19세기 이전의 질서로 복귀해 중국을 중심으로 세계 질서를 재편성하자는 것이다.

중국의 청사진은 이처럼 거대하지만 결코 헛된 꿈은 아니다. 중국은 많은 인재와 자본을 보유하고 있으며 중국 정부는 혁신과 첨단기술 정책을 통해 단계별로 중국의 꿈을 이루는 중이다. 또한 중국 기업들은 자본을 발굴하고 틈새시장을 찾아내 차별화를 시도하는 식으로 중국 정부의 목표에 기꺼이 동참하고 있다. 대표적인 예로 '스마트 시티' 프로젝트가 있다. '스마트 시티'는 도시인들에게 '스마트 시티'라는 플랫폼을 이용하게 함으로써 공공서비스를 더 편리하고 효율적으로 제공하는 서비스다. 중국을 대표하는 IT 기업 텐센트와 알리바바가 중국 정부와 함께 구축하고 있는 '스마트 시티'는 모바일 결제 시스템인 알리페이와 위챗페이에서 가능했던 공과금, 범칙금 납부와 같은 도시 공공서비스를 확장한 개념이다.

상하이는 텐센트와 함께 스마트 시티를 구축 중인데, 텐센트가 운영하는 중국판 카카오톡인 위챗 앱을 통해 이미 민원, 여권 신청, 세금 납부 등 14개 업무를 처리하고 있다. 텐센트는 앞으로 우한, 정저우, 광저우, 선전 등으로 스마트 시티 서비스를 확장해 나갈 계획이다. 알리바바는 항저우를 시작으로 상하이, 광저우, 선전, 닝보, 쑤저우, 칭하이, 난징 등 9개 도시에서 스마트 시티 서비스를 제공 중이다. 연내에 50개 도시로 확장할 계획이다.

알리바바와 텐센트의 스마트 시티 플랫폼을 통해 받을 수 있는 서비스 또한 점점 확대되고 있다. 사람들은 홍콩-마카오 통행비자 발급, 신분증 발급 예약, 교통법규 위반 기록 조회, 병원 처방전 발급 등 소소한 일상까지 스마트폰 하나로 해결할 수 있게 되었다. 정부 입장에서도 업무 효율화와 정책 투명성 제고 등의 효과를 노릴 수 있다는 장점을 갖는다.

이처럼 중국 IT 분야의 발전과 그로 인한 일상생활의 변화는 주목할 만하다. 중국은 IT 강국으로 선두에 서 있는 한국을 넘어설 정도로 무섭게 치고 올라오고 있다. 초고속 인터넷 인프라를 활용한 스마트한 콘텐츠 개발에 적극적으로 나섬으로써 이제 중국은 쫓아가는 중국이 아니라 앞서가는 중국을 만들어내고 있다.

스콧 케네디
미국 국제전략문제연구소(CSIS) 중국 전문연구원

중국에는 많은 인재들과 자본이 있습니다. 좋은 발판을 구축할 수 있는 요소들이죠. 어떤 중국 기업들은 그들의 창의성이 매우 과소평가됐다고 생각합니다. 중국의 민간 부분들은 상상할 수 있는 모든 방법들로 차별화를 이뤄냈습니다. 많은 기업들이 자본을 발굴하고 틈새시장을 찾아내는 등 비교적 잘해왔습니다.

2부

시작된 12억의 혁신,
인도

성장이 둔화된 중국을 대체할 새로운 거인으로 부각되는 인도. 12억의 인구를 가진 잠재력이 큰 시장일 뿐 아니라 제조업 부흥 정책인 '메이크 인 인디아(Make in India)'를 통해 세계의 공장으로 거듭나고 있다. 또한 IT와 바이오 등의 첨단기술력을 바탕으로 경제개발 프로젝트에 박차를 가하고 있으며, 해외기업들의 제조공장을 적극적으로 유치하고 있다. 놀라운 속도로 변모하고 있는 아시아의 거인 인도는 가늠할 수 없는 잠재력으로 세계를 향해 질주 중이다.

01

12억, 마지막
거대 시장이 깨어나다

둔화된 중국을 대체할
새로운 거인, 인도

인도 북부의 도시 뉴델리에 있는 레드포트(붉은 요새)는 17세기에 완공된 인도 무굴제국의 궁전 요새다. 이 웅장한 건축물은 당시 슈퍼 파워를 자랑하던 무굴제국의 문화와 경제력을 보여준다. 18세기 중반, 이미 인도에는 인구 50만 명이 넘는 대도시가 여러 곳이 있었다. 당시 전 세계 GDP의 4분의 1을 차지했던 인도는 중국에 이어 세계 2위의 경제대국이었으며, 역동적인 경제체제를 지녔다. 제품들은 국가 경계를 넘나들었고 무역의 흐름

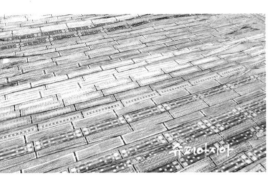

| 면직물 산업의 강국 인도는 18세기 중반에 전 세계 GDP의 24.5%를 차지했던 경제대국이었다.

은 자유로웠다. 당시 세계를 사로잡은 인도의 면직물은 향신료, 실크 등과 함께 많은 교역이 이루어졌다.

이처럼 인도는 한때 세계의 중심을 자부했지만 오랜 시간 동안 식민 지배를 거치며 200년 이상 세계 부의 지도에서 사라지는 시련을 겪기도 했다. 이후 20세기에 인도는 수많은 인재와 자원을 보유하면서도 개발도상국의 위치를 벗어나지 못했다. 넓은 땅에 수많은 민족들이 살고 있는 가난한 나라, 이것이 세계인들이 생각하는 인도였다. 하지만 이제 인도는 세계에서 가장 빠르게 성장하고 있는 나라로 부상하고 있다. 2016년 인도의 명목 GDP는 2만 2,510억 달러(약 2,476조 원)로 세계 7위, 구매력 기준으로는 세계 3위를 점하고 있다.

현재 인도는 1990년대 신흥경제국으로 주목받은 브릭스(BRICs) 4개국(중국, 인도, 브라질, 러시아) 중에서도 가장 눈에 띄게 발전하는 모습을 보인다. 이들 국가는 영토가 넓고, 자원이 풍부하며, 젊은 노동력을 많이 보유하고 있다는 공통점을 지닌다. 이러한 점은 이들 4개국이 경제대국으로 성장할 수 있는 요인이기도 하다. 특히 중국은 그동안 빠른 속도로 경제성장을 이루어왔다. 인도 역시 IT 인프라를 발판으로 신흥경제국으로서 면모를 보였다. 1998년에서 2007년까지 인도의 연평균 성장률은 7.1%였는데 동기간 9.9%의 성장률을 기록한 중국에는 미치지 못했다. 그런데 2015년이 되자 인도의 연평균 성장률이 중국보다 높아졌다. 인도의 생산 가능 인구 역시 2030년에 중국을 추월할 것으로 예상된다.

류샤오수에
중국 사회과학원 박사

지금은 세계경제를 이끄는 기관차가 느려지고 있어 경제성장을 위해 새로운 기관차를 원하고 있습니다. 인도가 그 기관차 역할을 해준다면 세계경제에 큰 기여를 할 것입니다. 그리고 이것은 중국뿐만 아니라 유럽과 미국, 동남아에도 큰 추진력으로 작용할 것입니다.

나렌드라 모디 정부는 제조업 부흥을 위해 '메이크 인 인디아' 전략을 세우고 그 일환으로 기업 환경의 개선, 해외기업의 투자 유치,

인력 양산, 인프라 예산 확충 등을 진행하고 있다. 첨단기술과 인재 양성에도 지원을 아끼지 않으며 시장을 개방해 외국인 투자를 끌어들이고 있다. 또한 젊은이들이 가능성을 펼칠 수 있도록 스타트업에 대한 다양한 인센티브를 추가했다. 현재 인도는 높은 경제성장과 함께 수요와 구매력이 증가하고 있으며, 외국인 투자와 수출에서도 호조를 누리고 있다. 인도가 '중국을 대체할 수 있는 새로운 거인'으로 세계의 주목을 받는 것도 바로 이 때문이다.

2016년 8월 15일, 인도의 독립 70주년 기념식에서 나렌드라 모디 총리는 연설대에 올라 국민들에게 이렇게 말했다.

"잊지 맙시다. 우리는 우리의 문제를 스스로 풀 수 있는 능력을 갖추고 있습니다. 설령 문제가 있다 해도 인구의 65%를 차지하는 8억명의 젊은이들이 있는데 우리가 못할 게 무엇이 있겠습니까?"

▌독립 70주년 기념식에서 연설 중인 나렌드라 모디 총리.

앤드류 시어러
미국 국제전략문제연구소(CSIS) 선임고문

인도는 아직 드러나지 않은 어마어마한 잠재력이 있습니다. 그리고 이 엄청난 인구가 만들어내는 경제활동의 규모 자체가 미래에 기회를 제공하고 있습니다.

지금 인도는 다시 영광의 시대를 꿈꾸고 있다. 12억 명이 만들어내는 거대한 움직임은 세계경제의 새로운 성장 엔진이다. 우수한 두뇌, 풍부한 노동력, 앞서가는 첨단과학기술을 보유하고 있기에 인도는 더 강하고 더 부유한 내일을 기대할 수 있는 것이다.

비벡 데브로이
인도개조국가기구(NITI) 경제연구원

오늘날 인도는 대략 한국의 1970년대 후반과 비슷할 겁니다. 인도는 강이 더 많습니다. 한강만 있는 것이 아닙니다. 한강의 기적처럼 인도의 모든 강에 걸친 기적들이 많이 일어나기를 기다리고 있습니다.

손안의 모바일에 빠진
12억 인도인

                    2010년의 인도는 모든 상거래에서 새로운 단계로 들어서게 된다. 스마트폰 사용자가 증가하면서 자연스레 상거래의 전자화가 이루어지기 시작한 것이다. 같은 해, '페이티엠(Paytm)'의 창업자 비자이 세카르 샤르마는 다른 업체보다 일찍 모바일 결제 플랫폼을 만들어 성공시키기로 결심했다. 하지만 아직 전자상거래가 활발한 상황은 아니었기 때문에 모바일 결제 경험을 늘리는 것이 필요했다.

    그래서 그는 신용카드가 없어도 전자지갑에 돈을 충전해서 온라인에서 결제가 가능하도록 '모바일 톱업(mobile top-up)' 기능을 페이티엠에 넣었다. '모바일 톱업' 기능은 은행 거래를 하지 않고서도 오

▌스마트폰 사용자가 급증하고 있는 인도. 스마트폰이 인도인의 삶을 변화시키기 시작했다.

프라인 소매상을 통해 모바일 지갑에 돈을 충전할 수 있게 했다. 또한 소액의 돈을 송금할 수 있어 굳이 은행을 이용하지 않아도 됐다.

인도는 상거래의 98%를 현금으로 거래하는 대표적인 현금 선호 국가였다. 대부분의 거래는 현금으로 이루어지며 신용카드와 직불카드 사용은 거의 하지 않았다. 국민의 절반 정도는 은행계좌조차 갖고 있지 않았다. 페이티엠의 '모바일 톱업' 기능은 은행계좌가 없는 사람도 모바일 지갑을 사용할 수 있게 만들었다. 지갑에서 현금을 꺼내는 번거로움이 없는 데다 실수로 돈을 잃어버릴 위험도 없으며, 스마트폰으로 예약한 택시나 호텔 등을 그 자리에서 결제할 수도 있는 편리성은 스마트폰 사용자들의 환영을 받았다.

소비자들이 스마트폰으로 거래하는 분위기가 형성되자 인도의 전자상거래 업체들은 전자지갑 시장에 뛰어들기 시작했다. 하지만 선두주자 페이티엠을 따라잡지는 못하고 있다. 현재 페이티엠은 인도 최대 전자지갑 서비스 기업으로서 등록된 사용자가 1억 2,000명을 넘는다. 하루 거래량은 200만 건에 이르며, 고객의 상당수가 평균 한 달에 4번 이상 페이티엠을 통해 결제하고 있다. 반복 사용률도 50~60%로 매우 높은 편이다. 2014년 페이티엠은 중국 모바일 결제의 95%를 담당하고 있는 알리페이를 탄생시킨 알리바바로부터 투자를 받기도 했다. 알리바바는 글로벌 확장 계획의 일환으로 인도 시장 진출을 꾀했고, 그 과정에서 페이티엠을 파트너로 선정한 것이다.

페이티엠은 인도 인구의 50% 이상을 디지털 경제로 끌어들이는 것을 목표로 한다. 온라인, 오프라인 결제뿐 아니라 소액 송금도 페이티엠을 사용하는 일이 자연스러운 사회 분위기를 형성하고자 한다. 판매자, 제조업자, 수공업자는 페이티엠에 자신들의 제품을 내놓을 수 있고, 소비자는 페이티엠을 통해 그 제품들을 이용하면서 간편하게 구매를 할 수 있다. 페이티엠은 이것은 또 하나의 시장을 창조하는 것과도 같다고 믿는다. 그리고 이것은 '메이크 인 인디아'의 제조 붐과도 연관되어 있다. 새로운 시장은 영세한 수공업자나 제조업자라도 소비자에게 더 가까이 접근할 수 있게 만들고, 그들의 사업을 성장시킬 수 있는 계기를 마련해주기 때문이다. 페이티엠은 여기서 나아가 결제은행 라이선스를 받아 결제은행까지 출시할 예정이다.

슈드한슈 굽타
인도 모바일 결제업체 페이티엠 부사장

우리 회사는 지난 3, 4년간 정말 빨리 성장했습니다. 현재 10억 달러 이상 매출을 기록하고 있죠. 이것은 인도 스타트업 기업 중에서도 최고 수준입니다. 게다가 결제은행 라이선스를 갖고 있어 곧이어 결제은행도 출시할 예정입니다. 그렇게 되면 페이티엠 지갑에 돈을 저축할 수도 있고, 지갑 속 돈에 이자가 붙을 수도 있죠.

┃ 화폐개혁으로 인도에서는 전자지갑을 이용하는 사람들이 크게 늘고 있다. 인도 소비자들은 페이티엠을 통해 현금이 없어도 시장에서 물건을 살 수 있다.

　　인도는 인구 대비 스마트폰이나 전자지갑의 이용률이 그리 높은 편은 아니다. 하지만 2016년 8월에 단행한 화폐개혁은 디지털 거래가 급증하는 추세에 힘을 실어줬다. 인도의 화폐개혁은 고액권 지폐인 500루피(8,500원)와 1,000루피(1만 7,000원)의 사용을 중지함으로써 검은 돈을 근절하고 위폐를 방지하는 데 중점을 두고 있다. 이 때문에 시중에서 유통되고 있는 화폐의 86%는 사용할 수 없는 돈이 되었다. 사람들은 전자결제로 눈을 돌렸고, 심지어 노점상에서도 모바일 결제를 해주는 상황까지 발전했다. 화폐개혁이 결과적으로 디지털 거래를 좀 더 빨리 앞당기는 환경 조성에 일조한 셈이다. 이에 따라 구글과 보스턴컨설팅 그룹은 2020년의 인도의 디지털 결제 시장 규모가 5,000억 달러(550조 원)에 이를 것으로 예측하기도 했다.

구글이 무료 서비스를 제공하는 이유

2016년 1월 뭄바이 역에는 세계 최대 규모의 공공 와이파이가 개통되었다. 이 무료 서비스를 통 크게 제공한 곳은 바로 미국 기업 구글이다. 구글은 2016년에 뭄바이 역을 시작으로 100개의 역에서도 무료 와이파이 서비스를 실시했다. 이에 대한 인도 시민들의 반응은 폭발적이다. 많은 시민들이 무료 와이파이를 이용하면서 인터넷 사용이 확대되고 있다. 물론 이것은 구글 혼자 계획한 사업은 아니다. 인도 기업 레일텔(RailTel)에서 네트워크 시스템을 맡고, 구글은 무선 네트워크를 제공하는 방식으로 협업한 결과다. 구글과 레일텔은 앞으로 400개 역까지 무료 와이파이 서비스를 확대해 나갈 예정이다.

라윈더 바카르
인도 서부철도청 대변인

구글과 함께 주요 철도역에 대한 무료 와이파이 서비스 공사를 진행 중
입니다. 우선 주요역 100개에 무료 와이파이를 설치할 계획입니다. 그
리고 이후에 다른 역들로 확대할 계획입니다.

그런데 생태적으로 이윤 창출을 우선시하는 기업인 구글은 어째
서 이 같은 무료 서비스를 제공하는 것일까? 바로 인구 대국인 인도
의 소비 능력이 성장하고 있기 때문이다.

인도는 인구 12억 6,688만 명으로 세계에서 가장 큰 시장 중 하나
다. 특히 뭄바이 중앙역은 인구 대국 인도의 모습을 실감나게 보여준

▌구글은 뭄바이 중앙역에 세계 최대의 공공 와이파이를 무료로 개통했다.

다. 세계에서 가장 붐비는 역으로 손꼽히는 뭄바이 중앙역의 출퇴근 시간은 사람들로 가득 차 발 디딜 틈도 없다. 열차에 매달려 출퇴근 하는 사람들의 모습도 심심찮게 볼 수 있다. 미처 열차를 타지 못한 사람들은 다음 열차가 올 때까지 기다려야 하지만 인도의 젊은이들 은 이제 열차를 기다리는 시간이 지겹지 않다. 손 안의 작은 세상이 라 불리는 스마트폰 덕분이다. 사람들은 열차를 기다리는 동안 인터 넷을 하거나 이북(E-Book)을 읽으며 시간을 보낸다.

역에서 제공하는 무료 와이파이지만 속도도 매우 빠르다. 영화나 게임을 다운 받는 데 그리 오랜 시간이 걸리지 않는다. 이용 방법도 그렇게 어렵지 않다. 와이파이를 켜고 접속한 후 본인 휴대전화 번호 를 입력하면 1회용 비밀번호가 전송된다. 비밀번호를 입력하면 바로 와이파이에 접속할 수 있다. 이것은 인도에 일어난 아주 큰 변화 중 하나다.

인도의 스마트폰 사용자는 매년 급증하고 있는 추세로 인터넷 사 용 인구가 최소 5억 명에 달한다. 시장조사기관인 카운터포인트 리 서치(Counterpoint research)의 조사 결과에 따르면 2016년 3분기에 인 도 스마트폰 시장 규모는 전년도 3분기와 대비해 23%나 성장한 것 으로 나왔다. 같은 기간 세계시장 규모의 성장이 5% 수준인 것과 비 교하면 성장률이 굉장히 큰 편임을 알 수 있다. 인도의 스마트폰 시 장은 중국, 미국에 이어 세계 3위의 시장으로 이미 포화 상태에 이른 중국을 대체할 신규 시장으로 부각되고 있다. 구글은 바로 이 지점을 주목했는데 이것은 세계적인 기업들이 인도 시장에 진출하고자 하는 이유이기도 하다.

삼성을 위협하는
인도 토종 기업

사용자가 급증하고 있는 잠재력이 큰 시장인 만큼 인도는 전 세계 스마트폰 업체들의 경쟁이 난무하는 곳이다. 치열한 경쟁을 뚫고 현재 1위를 점하고 있는 기업은 한국의 삼성이다. 그런데 인도의 토종 기업 '마이크로맥스(Micromax)'가 삼성의 1위 자리를 위협하며 뒤를 바짝 쫓고 있다(스마트폰과 피처폰을 모두 합친 휴대폰 출하량 점유율 기준). 삼성, 애플은 물론 품질 대비 저렴한 중국 제품과도 비교가 되지 않을 정도로 파격적인 가격 때문이다. 그러면서도 제품의 성능은 좋은 편이라 젊은 층의 지지와 인기를 얻고 있다. 가격경쟁력에서 우위를 점한 마이크로맥스의 해외시장 진출도 주목할 만하다. 동남아시아, 스리랑카, 방글라데시, 네팔에서의 시장점유율은 계속 성장 중이며 아직은 미비한 규모이지만 러시아까지 진출해 있다. 마이크로맥스에 가장 큰 시장은 물론 인도이지만 그들의 시장점유율은 세계 전반에 걸쳐 상승 중이다. 마이크로

인도판 샤오미라 불리는 인도 토종 기업 마이크로맥스. 성능은 큰 차이 없지만 가격은 중국 제품과도 비교가 안 될 만큼 파격적이다.

맥스는 세계 스마트폰 제조사 순위 10위에 이름을 올리기도 했다.

인도판 샤오미(Xiaomi)로 불리는 마이크로맥스의 부상은 인도의 내수시장에 힘입은 바가 크다. 12억이 넘는 인구는 그 자체로 거대한 시장을 형성한다. 하지만 이것만으로 마이크로맥스의 성공을 설명하기는 어렵다. 이미 삼성이나 애플이 선점하고 있는 시장으로의 진입은 더 공격적인 전략을 요구받기 때문이다. 그렇다면 마이크로맥스의 성공은 어디에서 기인된 것일까.

2000년 소프트웨어 기업으로 출발한 마이크로맥스는 8년 후인 2008년에 스마트폰 제조를 시작했기 때문에 스마트폰을 제작한 역사는 길지 않다. 하지만 스마트폰 매출에서 꾸준한 성장세를 보여 2009년에 매출액이 100억 루피(1,700억 원)를 넘겼고, 2014년에는 750억 루피(1조 2,750억 원)를 넘기는 기록을 세웠다.

슈바짓 센
인도 스마트폰 제조사 마이크로맥스 마케팅 이사

현재 마이크로맥스는 세계 10위의 스마트폰 제조 회사입니다. 물론 제
일 큰 시장인 인도에서 시장점유율도 계속 향상되고 있습니다. 우리의
꿈은 세계 5위 안에 드는 것입니다. 우리는 동남아시아, 중동아프리카,
더 나아가 라틴아메리카에도 진출하고자 합니다.

마이크로맥스가 빠른 시간에 성장할 수 있었던 건 중국 샤오미와
같은 카피캣(copycat, 잘 팔리는 제품을 모방) 전략으로 중저가 시장을
공략한 덕분이다. 인도는 개발도상국으로 한국이나 중국에 비해 경
제성장이 더딘 편이었다. 인도 정부가 공시한 2014년 최저임금은 우
리 돈으로 한 달에 13만 원에 불과할 정도로 임금 수준도 낮다. 또한
전체 인구의 50%가 25세 이하여서 소비 능력도 그리 높지 않다.

마이크로맥스는 이런 점에 주목하고 판매전략을 짰다. 실제로 전
체 스마트폰 판매의 70~80%가 저가 스마트폰일 정도로 인도 소비
자들은 품질보다 저렴한 가격의 제품을 선호한다. 이 때문에 세계시
장 점유율 1위인 애플은 비싼 가격으로 인해 인도 시장에서 고전을
겪고 있으며, 삼성은 저렴한 스마트폰 모델로 인도 시장을 공략하고
있다. 마이크로맥스는 경쟁사보다 월등히 저렴한 스마트폰을 내세워

소비자들의 마음을 공략했다. 한 달 간격으로 출시하고 있는 스마트폰 모델의 대부분은 우리 돈으로 10만 원에서 20만 원 수준이다. 비싸도 30만 원을 넘지 않는다. 제품 개발비, 디자인 비용을 줄여 원가를 절감시키고 기능을 단순화시켰기에 나올 수 있는 가격이다. 그 대신 디자인은 삼성이나 애플을 모방한 것이 많다. 하지만 인도 소비자들의 경제 사정을 고려한 이들 제품은 소비자들에게 크게 환영받고 있다.

02
스타트업의 혁신으로
변화하는 인도

인도의 실리콘밸리,
벵갈루루

전통적으로 IT 분야에 강한 면모를 보여온 인도는 넓고 깊은 인재 풀을 가진 나라다. 정부 차원에서 IT 산업에 관심을 기울이고 있으며, 16개 캠퍼스를 가진 인도공과대학교(IIT)를 비롯한 2,000개에 달하는 교육기관에서 매년 7만여 명의 IT 인재들을 배출하고 있다. 하지만 인도는 이러한 인재들이 자국을 위해 일할 수 있는 환경을 만들지는 못했다. 미국 실리콘밸리에서 일하는 기술 인력의 20~30%가 인도인일 정도로 인도의 IT 인재들은

벵갈루루

슈퍼아시아

인도

벵갈루루 ●

▌벵갈루루는 인도의 '실리콘밸리'로 불리는 곳으로 인도 IT 기술자의 35%가 이곳에 근무하고
있다.

자국에서 설 자리를 찾지 못해 외국으로 빠져나갔다. 그런데 오늘날
인도는 IT 인재를 많이 배출하기만 하는 나라가 아니다.

나렌드라 모디 총리는 스타트업 육성을 통한 일자리 창출을 국
가 아젠다로 내놓았다. 그가 제시한 구체적 청사진은 인도에 12만
5,000개의 스타트업을 창업할 수 있는 환경을 조성해 그들 기업이
각각 2~3명씩의 일자리를 만들게 하는 것, 그리고 모든 대학의 연결
망을 구축해 인도 벤처기업을 세계 중심으로 만드는 것이다. 인도의
이러한 야심은 구체적인 정책으로 실행되었다. 스타트업 법인 설립
등록은 온라인을 통해 하루 안에 처리되도록 하였으며, 3년간 소득
세와 스타트업에서 재투자한 자본의 이익세를 면제해주는 등 세금

혜택을 주었다. 그와 함께 스타트업에 대한 투자를 아끼지 않았다. 2015년 한 해에만 85억 달러(9조 3,500억 원)를 지원했으며 성립된 투자 계약만 936건에 이른다. 그리고 2016년 7월에는 '스타트업 액션 플랜'을 발표, 스타트업 발전을 위한 구체적 방법도 모색했다.

그 결과, 인도의 스타트업은 폭발적인 성장을 하게 된다. 2016년 포브스가 선정한 '스타트업 하기 좋은 나라' 상위 5위 안에 들었으며, 세계 유니콘(기업 가치 10억 달러 이상의 비상장 스타트업) 68개사 중 11개가 인도에서 창립되었다. 현재 인도에는 1만 8,000개의 스타트업이 있으며, 이들 회사가 고용한 인구는 30만 명에 달한다. 이것은 세계에서 두 번째 규모다.

현재 인도 IT 산업의 현재와 미래를 볼 수 있는 곳은 인도의 실리콘밸리라 불리는 벵갈루루다. 이곳에는 1,500개의 IT 기업이 모여 있으며 인도의 IT 기술자 250만 명 중 약 35%가 근무하고 있다. 또한 벵갈루루에 몰린 외국인 직접투자가 인도 전체에 유입되는 외국인 직접투자의 6% 규모인 34억 4,400만 달러(3조 7,884억 원)에 이르며 IT 수출은 연평균 13% 이상씩 성장세를 보이고 있다.

벵갈루루는 1981년 7명의 젊은이가 창업한 인포시스(Infosys Technologies)에서 시작되었다. 단돈 250달러(275,000원)의 자본금으로 시작했던 인포시스가 19만 9,000명의 직원을 가진 대기업으로 성장하자 많은 젊은이들이 벵갈루루로 몰려들었다. 이에 인도 정부는

■ 글로벌 기업에서 활약하고 있는 인도 출신 인재들은 인도의 저력을 보여준다. 현재 인도의 IT 수출은 연평균 13%씩 계속 성장하고 있다.

1990년 벵갈루루를 해외기업들이 연구개발센터를 세울 수 있는 특별 도시로 조성했다. 독자적인 통신 시설과 자가발전 설비를 구축하며 IT 산업의 육성 정책이 실행되자 글로벌 기업들의 투자도 활발해졌다. 이러한 분위기에 힘입어 벵갈루루는 인도의 실리콘밸리로 서서히 자리잡아갔다. 그리고 2014년, 나렌드라 모디 총리의 스타트업 육성 정책으로 벵갈루루는 또다시 폭발적으로 발전하는 계기를 갖게 된다. IT 산업의 본산인 벵갈루루에 투자금과 인재들이 몰려들었다. 벵갈루루에서 스타트업 창업에 뛰어든 IT 인재들의 성공 신화가 계속해서 만들어지면서 글로벌 기업들의 투자는 그 어느 때보다 활발하게 이루어지고 있다.

2015년 인도 IT 산업의 규모는 1,465억 달러(161조 1,500억 원)를 기록하며 전년 대비 23.7%의 성장을 이루었다. 기업 경영컨설팅 회사 맥킨지(mckinsey)는 인도 IT 시장이 지속적으로 확대되어 2025년에는 3,500억 달러(385조 원)를 달성할 것이라 전망하기도 했다.

리처드 로소
미국 국제전략문제연구소(CSIS) 선임연구원

IT 산업은 인도에게 자신감을 주었습니다. 세계의 IT 기업들과 견주어도 손색이 없을 정도의 수준이라고 여겨집니다. 단순히 수적으로 보았을 때도 크게 발전한 산업이고, 인도가 현대적인 주요 산업을 이끄는 국가가 될 수 있을 것이라는 자신감을 부여해준 산업이기도 합니다.

12억 인도인들의 일상을
혁신하는 IT 기업들

　　　　　　　　　　인구 1,000만 명이 사는 대도시 벵
갈루루는 인도의 여느 도시처럼 교통체증이 심각하다. 하지만 오토
바이 택시 오토릭샤 기사들은 막힌 도로를 요령 있게 빠져나간다. 그
들의 운전기술이 특별해서가 아니다. 애플리케이션 '올라(Ola)' 덕분
이다. 올라는 오토릭샤와 택시 기사들에게 길 안내는 물론, 고객 예
약까지 알아서 해준다. 기사들은 개인 비서 올라를 활용함으로써 고
객 유치는 물론이고 목적지까지 더 빠르게 갈 수 있게 되었다.

　하지만 누구나 올라의 서비스를 이용할 수 있는 것은 아니다. 올라
서비스를 이용하기 위해선 기사들의 이름과 주소를 비롯한 세부 정
보를 입력하고 신분증, 운전면허증, 차량 점검서, 세금 내역서 등의

▎오토릭샤 기사들에게 스마트폰과 애플리케이션은 이제 없어선 안 될 필수품이다.

서류를 제출한 후 자격 심사를 통과해야 한다. 절차가 까다롭기는 하지만 올라 택시로 등록되면 기사들은 그만큼 수입도 확실하게 늘어난다.

또한 고객들은 올라 앱을 활용해 자신의 마음에 드는 오토릭샤나 택시를 고를 수도 있으며, 이용할 시간에 미리 예약해 기다리는 시간을 단축시킬 수도 있게 되었다. 기사에게는 더 많은 수익을, 고객에게는 편리함을 제공한 결과, 현재 인도의 100여 개 도시에서 운영되고 있는 올라 택시에는 하루 평균 75만 건 이상의 소비자 호출이 들어오고 있다.

올라는 2010년 12월 인도 출신의 엔지니어 바비쉬 아가르왈과 안킷 바티가 공동 설립한 스타트업이다. 설립 5년 만에 올라는 6,200만 달러(682억 원)의 매출을 이루었으며 연간 400%씩 급성장세를 보이

▌올라 택시로 등록하기 위해서 기사들은 까다로운 자격 심사를 통과해야 한다.

고 있다. 현재 올라에서 일하는 직원만 6,000여 명에 달한다. 이처럼 짧은 시간에 성장해 세계적으로 화제가 되고 있는 올라는 '인도판 우버 택시'로 불리기도 한다. 미국 경제잡지 〈포천〉은 올라를 기업가 치 1조 원이 넘는 스타트업으로 선정하기도 했다.

젊은 기업 올라는 근무 환경도 혁신적이다. 택시 기사들과 고객의 반응은 애플리케이션을 통해 실시간으로 올라온다. 올라의 직원들은 그때그때 많은 일들을 해결해야 하는데, 이것은 권위적인 상하관계 체제에서는 불가능한 일이다. 이 때문에 올라는 나이와 직급에 관계 없이 전 직원이 완전히 개방된 공간에서 생각을 나누고 문제를 해결 하도록 했다. 이러한 방식은 작업 처리 속도를 빠르게 할 뿐 아니라 고객들에게도 매우 높은 신뢰를 주었다.

사브리나 나리시
인도 차량공유서비스 기업 올라 디자인 팀장

올라에서 제가 하는 일은 실시간으로 반응이 옵니다. 그래서 많은 일이 바로 이뤄져야 하죠. 이 때문에 우리 팀이 쏟아내는 업무량과 일하는 속 도는 무척 생산적입니다. 이 점은 제가 디자인을 할 때도 큰 도움이 됩 니다.

| 미국 택시업계에 새 바람을 일으킨 올라. 미국 경제잡지 〈포천〉은 올라를 기업가치 1조 원이 넘는 스타트업으로 선정했다.

올라의 성공은 이제 막 발전하기 시작한 가능성의 대국, 인도의 특성을 제대로 간파한 결과였다. 인도는 막 경제성장이 시작된 나라인 데다 35세 미만인 젊은 인구가 65%가량 되기 때문에 자동차를 구입할 수 있는 능력을 가진 사람이 적을 수밖에 없다. 올라는 사람들이 자동차를 소유할 필요가 없다고 생각하게 만들고 싶었고, 자동차가 없어도 언제든 쉽고 편하게 교통수단을 이용할 수 있는 시스템을 개발한다면 경쟁력 있는 시장을 만들 수 있으리라 예측했다. 그렇게 시작된 올라의 아이디어와 기술은 12억 인도인들의 일상을 혁신하고 있다.

아난드 수부라마니안
인도 차량공유서비스 기업 올라 대변인

올라는 인도에서 일어난 최초의 혁신입니다. 지난 70년간 오토릭샤나 택시를 부르는 방법은 길에서 손을 흔드는 것뿐이었습니다. 그런데 지금은 올라 애플리케이션을 통해 편하게 부를 수 있습니다. 즉, 택시 이용에 있어서 많은 혁신을 가져온 것입니다. 우리의 발상은 인도인들의 이동을 편리하게 만들고 있습니다.

글로벌 IT 인재들이
인도로 돌아오는 이유

미국의 실리콘밸리에서 창업한 기업가의 16%는 인도계 미국인이다. 이는 외국 출신자의 창업 비율 중 35%에 달하는 수치다. 미국 전역에서 일어나는 창업의 6.5%는 인도계 미국인이 주도하고 있는데 인도계 미국인이 미국 전체 인구의 1%도 안 되는 것을 감안한다면 매우 높은 수치다. 인도계 인재들은 비단 미국뿐 아니라 전 세계 곳곳에서 활약을 펼치고 있다. 그런데 최근 인도에는 미국 실리콘밸리를 떠나 자국으로 돌아오는 이들이 늘고 있는 추세다. 인도에서는 이러한 현상을 '역 두뇌 유출'이라고 부르기도 하는데 인도 경제가 성장하고, 많은 글로벌 기업들이 인도에 진출하면서 두드러지게 나타나기 시작한 변화다.

벵갈루루의 IT 기업들의 경영자문을 하고 있는 나얀 자데자도 이러한 사람 중 하나다. 그는 인도에서 전자공학을 전공하고 미국으로 건너가 석사학위를 취득한 후 IBM에서 임원을 하는 등 17년간 미국의 IT 업계에서 일을 해왔다. 하지만 그는 현재 고국으로 돌아와 벵갈루루의 IT 기업들에 경영자문을 하고 있으며 곧 자신의 기업도 설립할 예정이다. 나얀 자데자는 인도가 달라지고 있고 자국에 더 많은 기회가 있다고 말한다. 예전에는 인도에서 기회를 얻을 수 없기에 많은 인도 젊은이들이 미국 유학이나 취직을 성공적인 삶의 지표로 여겼지만 지금은 자국에서도 성공의 가능성을 더 많이 얻을 수 있게 되었다는 것이다.

나얀 자데자
인도 IT 사업가

지금 인도는 기회를 주고 있습니다. 사람들도 '실패해도 괜찮다', '위험을 감수해서라도 회사를 키워 자신의 능력을 증명하자'고 생각합니다. 젊은 세대의 사고방식이 지금 변화하고 있습니다.

사실, 그동안 인도는 수학이나 과학 같은 기초 학문은 대단히 발달한 반면, 실용적인 과학 발달은 미진한 수준이었다. 그런데 최근 인도는 IT 분야를 발전시켜 재능 있는 젊은이들이 실질적인 사업을 할 수 있도록 유도하고 있다. 대표적인 예로, 인도공과대학교에서는 '기업가 과정'을 개설해 조직운영이나 리더의 역할을 가르치고 있다. 자기 사업을 시작하려는 학생들에겐 다양한 지원을 해주기도 한다. 이에 힘입어 인도공과대학교에는 학생들이 학교에서 기금을 받아 그룹으로 전기과학 분야나, 로봇과학 분야에서 새로운 제품을 만들어 보는 프로젝트가 활발하다. 전기과학 분야에서 진행 중인 프로젝트만 40여 개에 이르며, 70여 개의 그룹이 로봇을 만들고 있다. 이렇게 만들어진 결과물은 대학에서 그에 알맞은 기관을 연결시켜 줌으로써 사업화할 수 있도록 돕고 있다.

인도에서 기회를 발견한 해외 스타트업 기업들

한국 기업 밸런스히어로(Blance Hero)는 2014년 뉴델리 인근에 '밸런스히어로 인디아'라는 자회사를 만들었다. 인도의 스마트폰 사용자가 늘면서 시장이 커지자 인도 시장을 목표로 진출한 것이다. 인도 직원 20명, 한국 직원 15명의 그리

규모가 큰 회사는 아니지만 밸런스히어로가 제공하는 앱 '트루밸런스(True Balance)'는 2015년 1월 인도에서 정식으로 출시되었고, 2년 만에 5,000만 다운로드(2017년 4월 기준)라는 기록을 세웠다. '트루밸런스'는 매달 1,500만에서 2,000만 명의 스마트폰 사용자가 찾고 있다. 선불폰 잔액 확인 앱으로는 1위를 기록했고, 구글 플레이의 '인도 내 주요 10대 앱'에 이름을 올리는 등 신생 기업으로서는 짧은 시간 안에 비약적인 발전을 이루었다.

트루밸런스는 인도 스마트폰 사용자들의 불편함을 해소시키는 데 유용한 앱이다. 인도의 통신 체계는 한국과 다르게 돈을 먼저 충전한 다음에 스마트폰을 쓸 수 있는 선불제 구조로, 사용자들이 데이터 요금을 관리하기가 까다롭다. 충전 잔액이 얼마인지, 얼마나 많이 썼는지 등을 쉽게 확인할 수 없으며 충전액을 소진하면 매장으로 가야

▌ 홍보 행사 중인 밸런스히어로 직원들. 스마트폰 유저들의 불편함을 해소한 이 회사의 앱은 이미 5,000만 건 이상의 다운로드 기록을 세웠다.

하는 번거로움까지 있다. 하지만 트루밸런스 앱을 설치한 사용자는 중간중간 자기가 충전했던 잔액이 얼마나 남아 있는지 확인할 수 있으며, 부족한 금액은 온라인으로 바로 충전할 수 있다. 잔액 부족으로 중간에 전화나 인터넷 연결이 끊기는 것을 미연에 방지하고 요금 충전을 위해 매장까지 갈 필요가 없어진 것이다.

트루밸런스가 인기를 끌자 경쟁 유사업체들도 많이 등장했다. 하지만 트루밸런스의 입장에서는 과히 나쁜 상황은 아니다. 역설적이게도 이것은 인도가 빠른 시일 내에 모바일 결제의 시대로 진입하고 있는 것을 보여주는 사례이기 때문이다. 실제로 많은 리서치 회사들은 인도가 차기 핀테크 서비스(fintech, 금융(finance)과 정보기술(technology)이 결합된 서비스)의 중심 국가로 발전할 것이라 예상한다. 핀테크는 인터넷이나 모바일 공간에서 결제, 송금, 이체 등 각종 금융서비스를 제공하는 산업을 뜻한다.

밸런스히어로의 대표 이철원은 10여 년 전부터 인도를 눈여겨 봐 왔다. 인도는 동남아시아의 여러 국가에 비해 사업하기 어려운 곳이라는 거리감이 있었지만 막상 그가 발견한 인도는 무한한 가능성을 가진 시장이었다. 개방적인 인도 사람들은 사업 파트너로도 적격이었다. 이 때문에 그는 IT 서비스 사업으로는 인도에 가장 먼저 진출한 기업이 될 수 있었다. 그리고 이제 그는 인도를 세계시장으로 뻗어나가는 전초 기지로 여기고 있다.

이철원
모바일 스타트업 밸런스히어로 대표

인도에 본격적으로 구매력 있는 중산층이 만들어지고 있다는 걸 3~4
년 전부터 피부로 느끼고 있습니다. 또한 정부가 제조업 육성 정책도
하고 해외자본에 호의적으로 바뀌었으므로 저희 같은 모바일 회사뿐만
아니라 다른 사업을 하시는 분들에게도 인도는 아주 좋은 시장이라고
믿습니다. 특히 그 핵심이 스마트폰의 성장이기 때문에 저는 인도를 반
드시 진출해야 하는 시장이라고 생각하고 있습니다.

"인도는 코끼리와 같아 한 번 뛰기 힘들지만, 한 번 뛰기 시작하면
엄청나게 탄력을 받을 것이다. 그런데 오늘날 인도는 뛰기 시작했다."
수많은 인도인들이 말하듯 인도의 성장은 시작되었다. 또한 인도 정
부도 자국의 경제를 발전시키기 위해 규제를 완화하는 등 해외기업들
에게 사업할 수 있는 기회를 열어주고 있다.

03
'메이크 인 인디아', 제조업 부흥을 꿈꾸다

서비스업 중심에서
제조업 중심으로

인도에서 GDP의 65%를 차지하고 있는 건 서비스업이다. 그런데 인도의 서비스업은 교육 수준이나 숙련도를 필요로 하지 않는 단순직이나 자영업에 집중되어 있다. 이런 서비스업은 고용 효과도 그리 높지 않으며 고부가가치 산업도 아니다. 인도의 제조업은 GDP에서 차지하는 비중이 20%가 채 안 된다. 그동안 인도의 제조업이 발전하지 못했던 원인 중 하나가 바로 정부의 관료적인 규제였다. 제조업이 발전하지 못하면서 일자리 창출이

나 임금 인상도 충분히 이뤄지지 못했다.

프라딥 아그라왈
인도 델리대학교 경제성장연구소 교수

인도의 제조업은 GDP에서 20%가 안 됩니다. 17~19% 정도를 차지합니다. 저는 인도의 제조업이 부족한 상황이라고 생각합니다. 제조업을 늘리면 일자리를 만들어낼 것이고 이것은 소득 수준을 높일 것입니다. 또한 다른 생산품들에 대한 수요를 증가시킬 것입니다. 그렇게 된다면 전체 경제가 성장하게 됩니다.

실제로 인도의 실업률은 2001년 이후 9.2% 수준으로 높아졌으며, 2008년 9월, 세계경제 위기의 여파로 약 200만 명의 실업자가 발생하기도 했다. 매년 1,000만 명의 실업자가 더해지면서 이것은 곧 국민들의 소득 수준을 떨어뜨리는 결과로 이어졌다.

경제 상황이 악화되자 인도 정부는 일자리 창출과 함께 국민들의 소득 수준을 높이고, 자국 내 생산품들에 대한 수요를 증가시키기 위한 방안으로 제조업에 눈을 돌리기 시작했다. 나렌드라 모디 총리는 인도의 산업구조를 서비스업 중심에서 제조업 중심으로 혁신하겠다고 선언했다. 이를 구체적으로 진행한 정책이 '메이크 인 인디아'다.

'메이크 인 인디아'는 인도 정부가 야심차게 추진하고 있는 제조업 부흥 프로젝트로, 고용을 창출하여 인도 젊은이들에게 일자리를 주는 것을 목표로 한다. 인도 정부는 인도를 세계 제조업의 허브로 만들겠다는 목표로 '메이크 인 인디아'를 적극적으로 추진하고 있다.

나그라즈 나이두
인도 외교부 투자기술진흥부 국장

'메이크 인 인디아' 정책은 인도 정부의 가장 중요한 프로그램(flagship program)입니다. 2022년까지 기존의 17%에서 20% 이상으로 인도 GDP에 대한 제조업의 기여를 강화하는 것이 그 목표입니다. 이 정책의 목적은 서비스 산업 외에 제조업이 인도의 성장에 기여하는 비율을 높이

❙ '메이크 인 인디아'는 '인도에서 만들자'를 모토로 한 인도 정부의 제조업 부흥 정책이다.

고 앞으로 10~15년에 걸쳐 1,000만~1,200만여 개의 일자리를 창출하는 겁니다.

'메이크 인 인디아'의 정책은 두 가지 차원에서 이루어진다. 하나는 중앙 정부 차원에서 폭넓은 투자 정책을 펼치는 것이다. 제조업체를 육성해 경제성장의 동력으로 삼고, 내수 중심의 산업을 수출로 확대하는 것이 인도 정부의 구상이다. 이 계획에 인도의 많은 제조업 기업들은 기꺼이 참여했다. 현재 인도 정부는 국토 곳곳에 대규모 산업단지를 건설하고 있다. 계획이 성공하면 향후 10년간 매년 일자리 1,000만 개를 만들 수 있게 된다. 다른 하나는 외국의 투자 참여를 점진적으로 보장하는 것이다. 인도 정부는 자동 승인을 통해 여러 부분에서 외국인 직접투자를 94%까지 허용하고 있으며, 철도와 국방, 제약 부분에서는 100% 허용했다.

이러한 노력의 결과, 세계경제가 주춤하는 동안에도 인도는 2015년에 외국인 직접투자를 55% 이상 늘리는 성과를 냈다. 투자 유입을 가로막는 모든 규제 장벽을 없앰으로써 해외기업의 사업 비용을 줄여주었기 때문이다. 인구의 65%가 35세 미만일 정도로 젊고 숙련된 노동력이 많은 것도 인도 제조업이 앞으로 발전하는 데 도움을 준다. 중국에 비해 저렴한 인건비는 인도에 진출한 기업들의 경쟁력을 높이는 데도 유리하다. 이에 사회기반 시설의 발전, 인도 정부의 혁신

(FDI)
인도에 대한 외국인 직접투자
2015~2016
1년간 55% 성장

자료 : 파이낸셜타임스

▍ '메이크 인 인디아' 정책에 힘입어 인도에 대한 외국인 직접투자가 크게 증가했다.

적 정책이 더해져 해외기업의 진출이 많아지고 있다.

아빈드 수브라마니안
인도 정부 수석경제고문

한국이나 중국, 대만, 말레이시아, 싱가포르의 사례를 살펴보면 제조업이 성장하고 수출이 늘면 그것이 바로 장기적인 경제적 성장을 가져다줍니다. 만일 인도가 8~10%의 경제성장률을 원한다면 중국과 한국, 일본이 그랬던 것처럼 제조업을 키워야 합니다. 그리고 그것이 '메이크 인 인디아' 정책의 기본이라고 생각합니다.

나그라즈 나이두
인도 외교부 투자기술진흥부 국장

'메이크 인 인디아' 정책은 외국 기업이 인도에서 사업하고자 하는 방식을 완화하는 것을 목표로 합니다. 기업 활동 용이성에서 인도가 전 세계 국가들 중에서 상위 50위 안에 들길 저희는 바랍니다. '메이크 인 인디아'는 그저 정책이 아니라 인도에서 사업을 어떻게 할지 계획하는 일종의 사업 철학입니다. 저희는 인도가 글로벌 기업들의 제조 및 연구개발을 위한 허브가 되길 바랍니다.

해외기업에게 놓칠 수 없는
기회의 땅

인도의 제조업 부흥 정책은 해외 기업들에게도 많은 기회를 제공한다. 2016년 '메이크 인 인디아' 박람회에는 세계 60개국에서 1,200개가 넘는 기업이 참가했다. 인도 시장에 대한 글로벌 기업들의 뜨거운 관심을 읽을 수 있는 자리였다. 한국 기업도 예외는 아니다. 인도 시장 진출을 위해 현지에서 활발한 활동을 벌이고 있는 한국 기업들이 박람회에 참가하여 기업 이미지와 제품을 홍보했다. 12억 인도는 한국 기업들에게도 매우 중요한

▌'메이크 인 인디아 박람회'에 참가한 한국 기업들. 12억 인도는 한국 기업들에게 매우 중요한 시장이다.

시장이자 생산기지이기 때문이다.

　인도 내수시장 점유율 2위를 차지하고 있는 현대자동차는 1996년에 인도에 진출했다. 12억 인구가 있는 인도의 성장 가능성을 빨리 발견했기 때문이다. 인도는 전체 인구 비율로 봤을 때 자동차 보급률이 높은 것은 아니지만 절대적인 인구 자체가 워낙 많기 때문에 소비자가 많다. 글로벌 현대에서 인도 시장이 차지하는 비율은 13%로, 중국, 미국에 이어 세 번째로 많은 판매 비중을 차지하고 있다. 2015년에는 한 해에만 64만 대가 넘는 자동차를 팔았다. 현대는 2020년에 이르면 인도의 자동차 수요가 450만 대까지 성장할 것으로 예측한다.

　현대 인도 공장에서 생산된 차는 92개국으로 수출되고 있다. 이 때문에 현대는 인도 정부가 추진하고 있는 '메이크 인 인디아'에 가장 부합되는 모범적인 기업으로 평가받기도 했다.

구영기
현대자동차 인도법인장

인도 시장은 중국, 러시아, 브라질 같은 브릭스 국가처럼 자동차 시장
이 잠재적으로 성장할 수 있는 큰 영토를 갖고 있죠. 또한 성장 속도가
가장 빠른 국가로, 중산층 비율이 점차 커지고 있습니다. 현대자동차는
인도 시장을 생산의 허브, 수출의 허브로 만들 계획을 갖고 있습니다.

인도의 경제성장과 함께 활발해진 소비가 현대자동차의 판매율
상승에 호재로 작용하기도 했지만, 현대자동차의 마케팅 전략도 판
매율 상승에 한몫했다. 현대자동차는 2014년부터 2016년까지 3년
연속 3개 차종으로 인도에서 '올해의 차(Indian Car of the Year)' 상을
받았다. 이 상은 인도 사람들이 평가해서 주는 상이다. 3년 연속 3개
차종으로 상을 받은 것은 인도 자동차 업계에서 없었던 역사다. 현대
자동차에 대한 인도의 평가가 이처럼 높은 이유는 현대자동차가 인
도 시장에 맞는 차종을 적시적기에 만들어냈으며, 품질 또한 우수했
기 때문이다.

인도는 건설 분야에서도 기회의 땅이다. 인도는 선진국이나 한국

에 비해 아직 주택 인프라가 열악해 인구수에 비해 주택 수가 몹시 적다. 이를 해결하고자, 인도 정부는 '스마트 시티' 정책과 함께 건설산업을 육성하고 있다. 이러한 상황은 건설 관련 납품업체들에도 많은 기회를 제공한다.

대규모 주택 단지 건설이나 고층건물 건설에 쓰이는 알루미늄 거푸집을 생산하는 한국 기업 에스폼(S-Form)은 2012년 작은 규모로 인도 시장에 뛰어들었다. 처음에는 납품할 만한 프로젝트가 많지 않았다. 인도는 재래식 합판 사용 비율이 높았기 때문이다. 하지만 건물의 대형화, 고층화가 이루어지면서 알루미늄 거푸집에 대한 수요 또한 빠른 속도로 증가하기 시작했다. 거기에다 치밀한 사전 시장조사와 마케팅 노력까지 더해지면서 에스폼은 인도 최대 건설사인 라슨앤터보(Larsen & Turbo)와 116만 달러(12억 7,600만 원) 규모의 계약을 체결하는 성과를 거두었다. 지금은 50개 프로젝트에 납품하고 있어서 신규 거래처 미팅을 갈 시간이 없을 정도로 거래가 늘고 있는 상황이다.

그동안 해외기업이 인도 진출에서 겪는 문제들 중 하나는 인도의 각 주 및 지방에 적용되는 부가가치세가 다르다는 점이었다. 세율이 최소 16%에서 최대 27%까지 차이가 났으며 적용 범위와 대상 등도 달랐다. 따라서 일정 규모를 넘는 상품이 다른 주로 넘어갈 때면 통관절차를 다시 거쳐야 하는 등의 번거로움이 따랐다. 2016년 세계은행이 납세 환경의 편의성 순위를 조사한 것에 따르면 189개국 중 인도는 157위를 차지할 정도로 조세제도가 복잡했다. 하지만 2017년 3월 인도 상원은 세제개혁안을 통과시켜 어느 주에서나 품목에 상관없이 동일한 세율을 적용받도록 변경했다. 이를 두고 〈파이낸셜 타임스〉는 "드디어 인도가 진짜 단일시장이 되었다. 인도 경제가 자유화되기 시작한 이래 가장 중요한 사건이다"라고 평했다. 그리고 경제 전문가들은 이 법안의 통과로 인도가 지금의 7%대 성장에서 9%대 성장으로 나아갈 수 있다고 전망했다.

제조업 기지로 변신한
구자라트 공단

인도 서부의 구자라트 주는 '제조업 기지'로 불릴 정도로 제조업 분야가 발달되어 있는 곳이다. 화학, 제약, 직물, 보석 등의 제조업이 발달한 구자라트 주는 인도에서 가장 빠르게 성장하는 지역 중 하나로 손꼽힌다. 특히 이 지역에는 섬유 공장이 300여 개나 포진되어 있는데 이 중 가장 규모가 큰 공장 '웰스펀(Welspun)'에서는 1만 2,000여 명의 직원들이 근무하고 있다. 2005년 설립한 웰스펀은 면 수건을 전문적으로 생산해왔다. 면 수건 업체로는 세계 최대의 규모를 자랑한다. 설립 초기에 웰스펀의 면 수

┃ 제조업 기지로 불리는 구자라트 주에는 섬유 공장 300여 개가 있다.

건은 주로 내수시장을 중심으로 판매되었지만 적극적으로 해외시장을 공략한 덕택에 지금은 미국이나 유럽으로 수출되고 있다. 미국에서 팔리는 수건 7개 중 1개가 웰스펀에서 생산된 수건으로 웰스펀의 면 수건은 유명 스포츠 대회에 공식 용품으로 납품될 정도로 그 품질을 인정받는다. 하루 125톤, 약 4만 개나 되는 면 수건을 만들지만 수건에 사용되는 실을 모두 직접 가공하고 생산한다.

웰스펀은 다른 회사에 비해 직원들의 교육에 많은 공을 기울이고 있다. 신입직원일 경우에는 바로 생산라인에 배치하지 않고 기초 교육 과정을 진행한다. 옷감이나 기계를 다루는 법 등 15일간 교육을 마친 후에야 작업에 투입된다. 이것은 직원들의 안전을 위해, 그리고 질 좋은 제품을 만들기 위해서다. 아무 지식 없이 기계를 다루다 생길 수 있는 사고 발생률을 줄이고, 더 나은 면 수건을 생산하기 위해 숙련된 기술을 습득시키는 것이다. 공장 안에는 별도의 교육장도 있는데, 여직원들이 재봉 기술을 배울 수 있도록 회사 측에서 제공한 것이다. 이밖에도 영어 수업, 요가 수업 등의 다양한 과정을 개설해 여직원들이 더 많은 교육의 기회를 가질 수 있도록 혜택을 주고 있다.

웰스펀의 직원들은 대부분 농촌 출신으로 유난히 젊은 여성들이 많다. 1960년대, 1970년대 한국처럼 집안 경제에 도움을 주거나 동생들의 교육을 위해 생활전선에 뛰어든 여성들이다. 시골에서는 일을 구할 수 없어 이곳까지 온 젊은 여성들은 공장에서 제공한 기숙사에서 생활하며 돈을 모은다. 웰스펀 공장 기숙사에는 450여 명의 여직원들이 생활하고 있는데 이것은 매우 파격적인 일이다. 보수적

▌세조업 공장의 증가는 보수직인 인도 사회에서 여성의 경제활동 참여 기회를 확대하는 역할도 한다.

인 인도에서 젊은 여성이 집을 나와 기숙사 생활을 하는 것 자체가 보기 드문 모습이기 때문이다.

보수적인 인도 사회에서 여성들의 경제활동 참여는 매우 낮은 수준이었다. 교육을 받은 여성조차도 집안일만 하거나 자신의 능력을 발휘할 기회를 가지지 못했다. 하지만 제조업 공장들이 생겨나면서 인도 여성들의 삶에도 변화가 찾아왔다. 여성도 충분히 밖에서 일할 수 있고 사회에서 사람들과 대화하면서 살아갈 수 있는 존재로 인식되기 시작한 것이다. 또한 교육을 통해 지식을 쌓고, 일하면서 자연스럽게 외부 사람들과 관계를 맺음으로써 스스로에 대한 자신감도 높아지고 있다.

인도를 넘어
해외시장으로

인도인들의 오토바이 사랑은 남다르다. 자동차에 비해 가격 부담이 적으며 효과적인 교통수단이기 때문이다. 수요가 많은 만큼 인도의 오토바이 생산은 연 평균 11.3%의 성장세를 보였다. 2011년 인도의 오토바이 생산량은 1,300만 대였지만 2015년 1,840만 대로 500만 대 이상 늘어났다. 이중 248만 대는 해외로 수출되었지만 대부분의 오토바이는 내수시장에서 판매되

2011년 히어로 MOTOCORP 독립

| 일본 혼다와의 기술제휴를 통해 오토바이 생산을 시작했던 히어로는 현재 독자 생산을 하고 있으며 인도 시장점유율 1위의 기업으로 성장했다.

었다. 높은 경제성장 덕분에 사람들이 돈을 모으게 되면서 오토바이 구입도 늘어난 것이다. 또한 제조업 육성을 위한 '메이크 인 인디아' 정책도 오토바이 산업의 성장에 한몫했다. 인도 정부가 오토바이 산업에 대한 외국인 직접투자 한도를 100% 상향해 전면 개방하고 제조세를 12%에서 8%로 낮추는 등의 정책을 실행한 덕분에 오토바이 시장이 더 활성화될 수 있었던 것이다.

인도 시장점유율 1위, 오토바이 생산량 1위 업체인 히어로(Hero Motocorp)는 인도 오토바이의 대명사라 불릴 정도로 많은 인도인들의 사랑을 받고 있는 오토바이 기업이다. 히어로는 오토바이 단일 브랜드로는 세계에서 가장 많은 오토바이를 생산하는 기업이다. 1950년 자전거 회사로 출발한 히어로는 1983년 일본 기업 혼다와의 기술제휴를 통해 오토바이를 생산하기 시작했다. 이때부터 히어로의 오토바이는 인도인들에게 선풍적인 인기를 끌며 꾸준히 성장세를 보였다. 그러다가 2011년, 히어로는 혼다와 결별하고 독자 생산에 나섰다. 현재 히어로는 2,500만 명의 직원을 보유하고 있으며 하루 3,500대의 오토바이를 생산하고 있다.

파완 문잘
인도 오토바이 기업 히어로 대표

저희 제품은 연비도 매우 높고, 기술력과 품질도 세계적인 수준입니다.
2년 전에 우리 회사는 누적 생산량 5,000만 대라는 기록을 세웠습니다.
이제 우리는 1억 대 생산이라는 새로운 목표를 세우고 있습니다.

히어로는 뛰어난 기술력으로 높은 품질 수준을 자랑한다. 특히 자체 개발한 엔진의 연료 효율이 매우 높다는 장점이 있다. 주로 내수 위주로 판매가 이루어지고 있긴 하지만 동남아시아, 남미 등으로 수출을 점차 확대하고 있다. 2014년 히어로는 유럽과 미국 시장으로 사업을 확장하기 전에 자사 브랜드를 알리기 위한 방법으로 미국의 골프 스타 타이거 우즈에게 5년간 최대 4,000만 달러(440억 원)를 후원하는 계약을 체결했다. 판매량 세계 1위에서 더 나아가 히어로는 최소 50개국으로 수출한다는 새로운 목표를 세웠다. 그리고 이 목표

를 위해 이미 20개의 해외 생산공장을 갖추며 인도를 넘어 세계시장
으로 나아가기 위한 도약을 준비 중이다.

첨단기술과 전문 인력의 결합이
만든 세계 1위

새로운 유행이 탄생하고 수많은
상품이 경쟁을 벌이는 도시 뉴욕은 그야말로 시장경제의 화려한 꽃
과 같다. 보석상 2,000여 개가 모여 있는 뉴욕의 맨해튼 47번가는 세
계에서 다이아몬드가 가장 많이 팔리는 지역이다. 이곳에서는 전 세
계 다이아몬드 거래의 60%가 이루어진다. 이곳의 다이아몬드는 다
른 지역에 비해 조금 더 저렴한 편이다. 수십억 원을 호가하는 매우
진귀한 다이아몬드도 꽤 좋은 가격으로 구매할 수 있어 세계인들은
이곳 뉴욕까지 방문한다. 그런데 뉴욕에서 거래되는 세공 다이아몬
드의 대다수는 멀리 인도에서 건너온 것들이다. 맨해튼 47번가에서
인도 다이아몬드를 모르는 사람은 없다. 저임금의 우수한 세공 인력
덕분에 인도 다이아몬드는 가격 경쟁력도 뛰어나다.
　세계적으로 유명한 다이아몬드 회사 15개 중 12개가 인도의 다이
아몬드 업체일 정도로 인도의 다이아몬드 산업의 규모는 매우 크며
수많은 세공사를 보유하고 있다. 특히 인도 서부의 구자라트 주는 다

이아몬드가 많이 매장되어 있는 지역으로 유명하다. 그곳에서는 최소한 5,000명 이상의 거래업자들이 다이아몬드 산업에 연관되어 있으며, 6만~7만 명 정도의 노동자들이 일을 하고 있다. 또한 다이아몬드 제조업으로 생계를 이어가는 작은 마을 공동체도 많다. 이러한 마을 중 가장 규모가 큰 곳이 수라트다.

수라트는 원래 가난한 농촌 마을에 불과했다. 1950년 버마(현재 미얀마)로 가는 목재상들이 이곳을 지나게 되면서 당시 그들이 갖고 있던 다이아몬드 원석이 수라트 지역으로 유입되었다. 그러자 자연스럽게 수라트에 다이아몬드 제조업이 들어서기 시작했고 이를 바탕으로 거래업도 증가했다. 이후 거래업은 무역업으로 발전하게 되었다. 이곳에서 농사를 짓던 사람들이 더 많은 수익을 얻기 위해 다이아몬드 산업에 종사하게 되면서 수라트는 자연스럽게 다이아몬드

▌보석상이 모인 뉴욕 47번가에서 거래되는 다이아몬드의 대부분은 멀리 인도에서 온 것이다.

제조 산업으로 유명한 지역으로 거듭났다.

미국의 보석 시장에 다이아몬드를 가장 많이 공급하는 다이아몬드 세공업체 '키란(Kiran)'은 창업자 바우지반 빠텔의 고향 수라트에서 1985년 작은 가족 기업으로 출발했다. 농사를 짓는 것만으로는 많은 가족들의 생활을 책임지기 어려웠던 바우지반 빠텔은 가난을 탈출하고자 다이아몬드 세공 기술을 배우고 가족을 중심으로 다이아몬드 공장을 설립했다. 그리고 창업 30년 만에 키란은 직원 4만 5,000명을 보유한 거대 기업으로 성장했다.

키란의 성공 뒤에는 오랜 경력을 가진 숙련된 노동자들이 있다. 많은 이들이 일을 찾아 수라트로 몰려오지만 누구나 다 일을 구할 수 있는 것은 아니다. 충분한 교육을 거친 사람만이 채용되기 때문이다. 키란의 기술력 또한 세계 최고 수준을 자랑한다. 수입한 원석은 키란의 젊은 기술자들이 컴퓨터를 통해 가장 효율적인 도안을 만들어낸다. 컴퓨터 도안이 확정되면, 첨단 레이저 기계가 원석을 절단해 불순물을 도려낸다. 순도가 높을수록 가치도 높아진다. 1차 가공이 끝난 다이아몬드는 다시 크기별로 분류되어 섬세한 세공 과정을 거친다. 우수한 전문 인력과 첨단기술의 결합을 통해 키란의 다이아몬드는 완성되고, 전 세계로 수출된다. 덕분에 키란은 전 세계 세공 다이아몬드 중 80%를 생산하는 일등 기업으로 성장할 수 있었다.

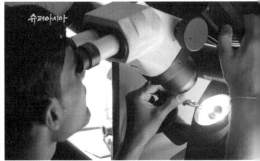

┃ 우수한 노동력과 첨단기술의 결합으로 키란은 전 세계 세공 다이아몬드의 80%를 생산한다.

지뚜 벌미 야나이
인도 다이아몬드 제조업체 키란 공장장

기술력에 대해서 말씀드리자면 현재 많은 새로운 기술들이 나오고 있는데 키란에는 없는 기술이 없습니다. 다른 회사에 없는 기술들도 저희 회사에는 있죠. 예를 들어 최근에 물을 이용한 신기술이 출시되었을 때 키란은 바로 구입했습니다. 새로운 기술이 나오면 무엇이든 다른 회사보다 먼저 키란이 구입하죠.

키란의 성공은 가난한 농촌 마을 수라트를 다이아몬드의 메카로 만들었다. 또한 인도의 많은 젊은이들에게 일자리를 제공했다. 가족 기업에서 세계 기업으로 우뚝 섰지만 키란은 여전히 가족 같은 팀워크를 중요시 여긴다. 그 덕분에 직원들은 근속 기간이 길고, 그만큼 업무 숙련도가 높다.

바우지반 빠텔은 창업 초기부터 기술 좋은 인력을 채용하는 데 공을 들였다. 제조업에서부터 시작해 시장 마케팅까지, 최고의 교육을 받은 젊고 우수한 인재를 확보해 그들과 하나씩 단계를 밟아가며 성장한 것이다. 이것은 키란이 뉴욕, 벨기에, 두바이 등에 지사를 둔 세계적 다이아몬드 제조업체로 성장할 수 있게 만든 아주 중요한 요인이다.

04

소비에 눈뜬
거대한 소비 대국의 탄생

쇼핑몰이 바꾼
인도인의 쇼핑 문화

인도는 2014년부터 매년 7% 이상의 경제성장률을 기록하고 있다. 인도의 명목 GDP는 세계 7위, 구매력 기준으로 보면 세계 3위다. 아시아 신흥 국가들 가운데에서도 최고 수준이다. 소득이 늘어나면서 12억의 내수시장은 활기가 넘친다.

인도는 인구가 많은 만큼 소비 성향도 다양하다. 저가 상품에서 명품까지 각각의 시장은 성장 가능성이 매우 크다. 소매업 시장의 규모는 8,000억 달러(880조 원)에 이르는데 이 중 15%만이 정식 소매업이다. 정식 소매업은 지난 5년간 매년 20~25%씩 상승세를 보이고 있다.

많은 상품 중 특히 금은 인도인의 소비가 얼마나 늘었는지를 보여준다. 인도는 중국 다음으로 세계에서 금을 가장 많이 소비하는 국가이기도 하다. 금을 주로 파는 뉴델리 귀금속 거리는 늘 불야성을 이룬다. 인도인들에게 금은 신의 축복을 부르는 신성한 금속이다. 그들은 유난히 금을 좋아하며 금의 힘을 믿는다. 이 때문에 그들은 중요한 명절이나 기념일에 금을 선물하는 전통을 갖고 있기도 하다. 인도 최대 축제가 있는 9월과 12월 사이에는 매출이 20% 이상 늘어난다.

시장의 성장과 함께 인도의 쇼핑 문화 또한 변화를 겪고 있다. 이전에는 재래식 시장 위주의 쇼핑이었다면 지금은 원 스톱 쇼핑(one stop shopping, 한군데에서 상품 구입을 마치는 쇼핑)이 가능한 쇼핑몰 위주의 쇼핑으로 변화하고 있다. 쇼핑몰의 발전과 함께 인도인의 라이프 스타일도 바뀌고 있다. 모든 것이 구비되어 있는 대형 쇼핑몰이 생겨 나면서 소비자들은 한 장소에서 자신에게 필요한 것들을 구입할 수 있게 된 것이다. 무더운 인도의 날씨 탓에 땀을 흘리며 시장을 돌 필요 없이 에어컨이 나오는 쇼핑몰에서 쾌적하고 여유로운 쇼핑을 즐길 수 있게 되었다.

인도 최초의 쇼핑몰인 피닉스몰(Phoenix Mall)은 인도 쇼핑 문화의 변화를 여과 없이 보여주는 장소다. 이곳에는 전 세계적으로 유명한

| 피닉스몰은 인도의 쇼핑 문화가 변화하고 있음을 보여주는 상징적인 곳이다.

명품 브랜드뿐 아니라 국내에서 유명한 브랜드들이 많이 입점되어 있다. 다른 쇼핑몰에 비해 비싼 명품이 많이 입점된 이 쇼핑몰은 업계 2위 경쟁업체보다 40% 높은 매출을 자랑할 정도로 인도에서 가장 매출이 높은 곳이다. 이것은 피닉스몰이 뭄바이에서도 가장 부유한 남쪽에 위치한 덕택이다. 일 년 중 6개월은 해외에서 보내는 일이 많은 이곳 사람들의 취향이나 눈높이는 국제적 기준에 맞춰져 있다. 이들은 주로 명품을 선호하며 명품을 구입하는 데 돈을 아끼지 않는다.

라젠드라 칼카
인도 피닉스몰 대표

매년 50개 정도의 해외 브랜드가 인도로 들어오고 있습니다. 이러한 소비 성향은 매년 성장하고 있습니다. 제 생각에는 일 년 안에 인도의 GDP가 3조 달러(3,300조 원)에 진입할 것으로 예상됩니다. 엄청나게 큰 소비시장이 되는 겁니다. 이러한 시장은 전 세계에 10개 나라밖에 없습니다.

소비를 이끄는
1억 6,000만 중산층 파워

경제성장과 함께 인도의 생활수준은 점점 나아지고 있다. 사람들의 소득이 늘자 구매력도 올라 점점 더 많은 소비를 하게 되었다. 현대자동차가 2015년 인도에서 출시한 SUV 크레타는 소비자가 계약한 후에도 2~3달을 기다려야 할 정도로 상당히 높은 인기를 얻고 있다. 출시 첫해에 '2016 인도 올해의 차'로도 선정됐을 정도다. 크레타는 애당초 인도의 교통과 기후 등을 고려하고 중산층을 소비 타깃으로 삼아 제작된 것이다. 인도의 중산층 비율이 점점 커지고 있는 현실을 감안한 현대자동차의 판매 전략

▌소비를 이끌고 있는 인도의 중산층은 1억 6,000만 명이 넘는다.

은 성공적이었다.

5년 전만 해도 인도의 자동차 시장은 소형차 위주로 거래되었다. 하지만 지금은 뭄바이 같은 대도시를 중심으로 세단 같은 대형차나 랜드로버나 재규어 같은 고급차를 사는 사람들이 늘어났다. 경제성장과 함께 여윳돈이 생기자 자동차 시장의 트렌드가 바뀌고 있는 것이다.

현재 인도 중산층은 약 1억 6,000만 명으로 10년 후에는 5억 명이 넘을 것으로 예측된다. 중산층은 인도의 소비를 이끌며 급성장하고 있다. 특히 뭄바이는 중산층들의 소비를 여실히 보여주는 도시 중 하나다. 뭄바이 해안가에는 초고층 빌딩들이 끝없이 올라가고 있다. 이 중에는 뭄바이 최대 부동산 개발업체가 건설 중인 80층짜리 고층 빌딩 '옴카 1973'도 있다. 뭄바이의 새로운 랜드마크가 될 이 빌딩은 총 세 개 동의 최고급 주상복합 건물로 철저히 인도 부유층을 겨냥

인도 부유층을 겨냥한 초호화 아파트는 고가에도 불구하고 빠르게 분양이 완료됐다.

해 만들어지고 있다. 세계적인 건축가가 설계를 맡았고, 내부는 수입 자재를 사용한 화려한 인테리어를 자랑한다. 아파트 한 채 가격이 우리 돈으로 35억 원에 이르는 고가임에도 이미 70% 이상 분양이 완료되었다.

에스와르 프라사드
미국 코넬대학교 경제학과 교수

인도는 거대하게 확장되고 있는 시장입니다. 그리고 가장 빠르게 부상하고 있는 신흥 경제권 중 한 곳입니다. 그리고 급성장하고 있는 중산층을 보유하고 있습니다.

중산층의 증가는 주택, 의류, 가구, 자동차, 전자제품, 장난감 등 모든 분야에서 프리미엄 트렌드를 선도하는 효과가 있다. 가치가 있는 것이라면 가격에 영향을 받지 않기 때문에 소비 문화를 한층 더 업그레이드를 시켜주는 것이다. 이것은 또한 인도 진출로 시장을 확대시키려는 기업들에게도 아주 좋은 기회를 제공한다. 어마어마한 경제 잠재력을 지닌 인도 중산층의 소비 능력이 인도 시장의 범위를 넓히고, 시장의 수준을 끌어올리고 있기 때문이다.

고층 빌딩 아래 숨겨진
인도의 또 다른 얼굴

인도에서 가장 화려하고, 가장 돈이 많이 모이는 도시 뭄바이는 발전된 인도의 모습을 여실히 보여준다. 초고층 빌딩이 들어찬 뭄바이의 밤은 온갖 조명으로 화려하게 밝혀진다. 하지만 낮이 되면 인도는 또 다른 얼굴을 드러낸다. 세계 최대 야외 빨래터 '도비가트'에서는 어마어마한 양의 옷가지들이 어지럽게 걸려 있는 것을 볼 수 있다. 뭄바이의 도비가트는 100년이 넘는 역사를 가진 곳으로 인도의 오랜 계급 차별과 빈부 격차를 상징한다. 이곳에서 일하는 빨래꾼만 만 명이다. 이들은 인도의 하층민으로 부자들의 빨래를 해주며 생계를 이어가고 있다.

도비가트의 빨래꾼 깔루리 말레쉬는 이제 마흔 살이지만 빨래 경력만 25년이다. 그는 지난 25년 동안 하루 12시간 이상, 평균 500여 장의 옷을 빨아왔지만 가난한 현실에서 벗어날 수 없었다. 그에게 가장 문제가 되는 것은 좁은 집이다. 가족 네 명이 살기에는 턱없이 부족한 단칸방에서 벗어나는 게 꿈이지만 빨래꾼의 월급만으로는 이룰 수 없다. 해마다 오르는 뭄바이의 집값은 그에게 더 넓은 집으로 이사 갈 수 있는 희망조차 가지지 못하게 만든다. 그런데도 뭄바이는 일자리를 찾아 시골에서 올라온 젊은이들로 넘쳐난다. 이것은 아직 발전되지 못한 도시가 그만큼 많다는 것을 역설적으로 보여주는 것이기도 하다.

인도는 몇몇 도시를 제외하면 대다수의 지역이 아직도 개발되어 있지 않다. 대부분의 계층은 가난하며 전체 인구의 40%는 극빈층이다. 한쪽에서는 성장의 단 열매를 맛보고 있지만 다른 쪽에서는 기본 생활조차 불가능한 수준에서 살고 있는 것이다. 가난한 인도를 여실히 보여주는 것은 거리로 내몰린 사람들이다. 자신이나 가족이 의탁할 수 있는 방 한 칸 없이 길에서 구걸하며 사는 사람들이 많으며, 어린아이들은 쓰레기장에서 고물을 뒤지는 것으로 가족의 생활에 도움이 되고자 한다.

인도의 경우, 빈부 격차의 가장 큰 원인은 강력한 신분제에 있다. 고대의 신분제인 카스트 제도가 오늘까지 이어지면서 신분에 따른

▍세계 최대 야외 빨래터 '도비가트'는 계급 차별과 빈부 격차의 상징이다.

삶을 살아가는 것이다. 이를테면, 가장 낮은 계급인 수드라는 주로
육체노동과 관련된 일을 하기 때문에 그들이 버는 돈은 얼마 되지
않는다. 인구 구성원 중 수드라가 가장 많지만 그들은 제대로 된 교
육 혜택을 받지 못하고 있다. 또한 남성과 여성 간, 도시와 농촌 간
격차도 매우 심각해 균형 잡힌 발전을 요구받고 있다.

현재 인도 정부는 '빈민 지역 프로젝트'를 펼치고 있다. 이 프로젝
트는 뭄바이에서 시작되었는데 이미 건설 회사 '옴카(Omkar)'와 함
께 1,000만ft²(28만 평)의 면적을 개발해왔다. 이후 5년간 총 4,000만
ft²(112만 평)를 개발할 예정에 있다. 개발 산업은 가난한 사람들을 위
해 집을 만들어주거나 하수 처리, 공원, 병원 등의 사회기반 시설을
만드는 것으로 이루어진다. 이로 인해 집이 없는 사람들은 무료로 집
을 가지게 되고, 궁극적으로는 지역경제 발전에도 기여할 수 있다.

인도 정부는 낙후된 지역을 개발함으로써 뭄바이에 빈민가를 없애는 것을 목표로 하고 있으며, 2022년까지 '빈민 지역 프로젝트'를 다른 지역에도 도입할 예정이다.

가우라브 굽타
인도 부동산그룹 옴카 이사

'빈민 지역 프로젝트'는 아주 특이한 사업 모델입니다. 정부가 주도하는 사업이죠. 빈민가 거주자들은 공짜로 집을 얻게 되는 것이며 지역 사회에게도 이익이 될 것입니다. 사회기반 시설을 얻게 되니까요. 또한 정부에게도 이득입니다. 왜냐하면 현재 빈민가 지역 사람들은 세금을 내고 있지 않지만 공짜로 집을 얻게 된 이후부터는 세금을 내게 될 것이기 때문입니다.

05

첨단산업으로
미래를 연다

복제약의 나라에서
바이오 강국으로

인도는 1970년대부터 복제약을 만들기 시작했다. 아무리 아파도 비싼 수입약을 쓸 수 없는 가난한 사람들이 너무 많았기 때문이다. 이후로 오랫동안 인도는 복제약이 많은 나라로 유명세를 떨쳐왔다. 그런데 오늘날의 인도는 '세계의 약국'이라 불릴 정도로 많은 의약품이 개발되고 있으며 전 세계 의약품의 40%가 인도에서 생산되고 있다. 인도의 약품은 다른 나라에서 제조된 약품보다 훨씬 저렴하지만 높은 기술력을 자랑한다. 이것은

▌ 벵갈루루에 본사를 둔 바이오콘은 인도 1위, 세계 6위의 제약회사다.

매우 혁신적인 변화다. 그리고 이 변화의 중심에는 제약회사 '바이오콘(Biocon)'의 CEO 키란 마줌다르 쇼가 있다.

키란 마줌다르 쇼는 호주에서 맥주 제조 자격증과 발효과학 학위를 받고 인도로 돌아왔지만 맥주 제조사에 취업을 할 수 없었다. 그이유는 아주 단순하게도 그녀가 여자였기 때문이다. 그녀는 자신이알고 있는 발효과학에 대한 지식을 활용해 바이오테크 회사를 만들기로 결심하고, 1978년 바이오콘을 설립했다. 효모균을 활용해 효소를 만들어 의약품을 만들어보기로 결심했던 것이다. 남녀 차별이 극심한 사회에서 은행 대출을 받기란 하늘의 별 따기였다. 더군다나 당시에는 새로운 분야였기 때문에 사업 자체를 이해해주는 사람도 드물었다. 하지만 그녀는 포기하지 않고 바이오 약품 개발에 몰두했다.

키란 마줌다르 쇼가 바이오콘에서 처음 개발한 약은 인슐린이다. 당시 인도는 당뇨병 환자들이 많았지만 모든 인슐린은 수입품이라 비싼 가격을 지불해야만 구할 수 있었다. 하지만 바이오콘의 인슐린은 누구든 이용할 수 있는 저렴한 가격으로 판매되었다. 품질과 가격으로 인도 내수시장을 매료시킨 바이오콘의 당뇨병 약은 현재 세계 인슐린 시장의 4분의 1을 차지할 정도로 성장했다. 특히 개발도상국의 인슐린 시장과 의약품 시장에서 50%의 점유율을 차지하고 있으며 말레이시아에는 대규모 인슐린 공장을 설립하기도 했다. 현재 바이오콘은 먹는 인슐린을 개발 중인데 개발에 성공한다면 당뇨병 치료에 획기적인 변화를 맞게 될 것이다.

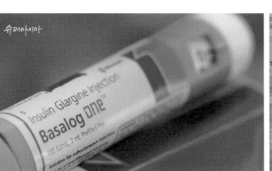
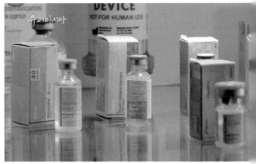

▎ 자체 기술과 특허로 신약을 개발한 바이오콘의 당뇨병 약은 세계 인슐린 시장의 4분의 1을 차지하고 있다.

키란 마줌다르 쇼
인도 제약회사 바이오콘 CEO

저는 인슐린 개발에 집중했습니다. 왜냐하면 인도는 당뇨병 환자들이 가장 많은 것으로 세계적으로 유명하고, 모든 인슐린을 수입했기 때문입니다. 따라서 국내 기술로 인슐린을 개발하면 국가에 큰 공헌을 할 수 있다고 생각했습니다.

바이오콘은 인슐린 개발의 성공에 힘입어 암 처방 의약품 개발에도 뛰어들었다. 전 세계적으로 암 환자는 많지만 관련 의약품은 상당히 비싼 편이다. 특히 인도에서 유통되고 있는 암 관련 의약품은 서민들이 사기엔 너무나 고가의 제품이다. 키란 마줌다르 쇼는 인슐린과 마찬가지로 더 많은 사람들이 질 좋은 암 관련 약품을 싸게 구입할 수 있도록 만드는 것을 목표로 하고 있다.

현재 바이오콘은 인도 1위, 세계 6위의 제약회사로 성장했다. 하지만 그녀는 이것에 만족하지 않고 병원을 직접 운영하기로 결정했다. 제약회사로서 국민들의 건강을 책임질 의무가 있으며, 환자들과 직접 마주하기 위해 병원을 운영하기로 한 것이다. 그녀는 개인적으로 암센터를 설립하기도 했는데 암 치료 비용을 낮추는 것을 목표로 하고 있다.

그녀는 인도에서 바이오테크 사업을 최초로 시작했으며 세계적 규모의 수익성 높은 기업을 만들어 8,000여 개의 일자리를 창출했다. 그녀가 여전히 바라는 것은 질 좋은 약을 합리적 가격에 공급함으로써 인류의 삶을 혁신하는 것이다. 이것이 바이오콘이 가진 가장 큰 경쟁력이다.

키란 마줌다르 쇼
인도 제약회사 바이오콘 CEO

우리는 세계의 헬스케어 시장에 영향을 주려고 합니다. 오늘날 전 세계적으로 의약품 가격이 매우 높아져서 통제가 힘든 상황입니다. 세계 모든 국가가 헬스케어 비용을 줄이고 싶어 합니다. 바이오 의약품은 미래에 굉장히 중요하지만, 가격이 비싸죠. 그래서 이 가격을 낮출 수 있다면 전 세계적으로 큰 영향을 발휘할 수 있을 것입니다.

세계적 수준의
우주개발 기술

2013년 인도는 화성탐사선 '망갈리안(Mangalian)'을 쏘아 올렸다. 그로부터 9개월 후, 망갈리안은 성공

망갈리안 화성 궤도 진입 성공
2014년 8월 24일

'망갈리안' 2014년 최고의 발명으로 선정
Time Magazine picks Mangalyaan for best
inventions of 2014
                                        -TIME

인도가 화성에 간 아시아 최초의 국가
India becomes the first Asian country to
reach Mars
                                -과학전문 ARS

인도가 저비용으로 화성탐사 성공
Mangalyaan: India has success with cut
price mission to Mars
                            -BBC

| 인도의 화성탐사선 '망갈리안'은 세계 네 번째이자 아시아 최초로 화성 진입에 성공했다.

적으로 화성 궤도에 진입했다. 이것은 미국, 러시아, 유럽연합에 이어 세계에서 네 번째 성공이며 아시아 국가 중에서는 최초의 성공이었다. 세계는 흥분했다. 하지만 더 놀라운 사실은 망갈리안을 화성 궤도에 진입시키기까지 미국의 10분의 1 비용밖에 들지 않았다는 데

있다. 망갈리안을 성공시킨 인도우주개발기구(ISRO)의 인공위성 기술은 세계 4위 수준이다. 특히 인공위성발사체 기술에서 두각을 나타내고 있으며 최근 인공위성 20기를 동시에 발사하는 데까지 성공했다.

키란 쿠마르
인도 우주개발기구(ISRO) 총재

인도의 발사체 개발 기술은 세계 5위 안에 들 것입니다. 인공위성 기술도 역시 세계 4위나 5위 정도의 수준입니다. 하지만 세계가 알아주고 우리 역시 자부심을 갖는 부분은 인도 안에서 스스로 해낼 수 있는 모든 기술을 갖추었다는 것입니다.

인도는 핵기술과 더불어 우주항공 분야를 시장 영역이 아닌 정부의 관리 아래 두고 있다. 이것은 인도의 우주개발 기술이 인도의 경제 수준에 비해 훨씬 더 발전할 수 있었던 이유이기도 하다. 일단 인도 정부 차원에서 우주개발에 투자하는 금액이 연간 11억 달러(1조 2,100억 원)다. 미국의 179억 달러(19조 6,900억 원)에 비할 바는 아니지만 인도의 GDP를 염두에 둔다면 절대 적은 금액은 아니다. 인도 정부는 향후 5년간 69억 달러(7조 5,900억 원)를 투자해 우주개발에 박차를 가할 계획이다.

유럽과 달리 위성제조 기술에 대한 규제가 자유로운 것도 인도 우주개발 기술의 발전에 긍정적인 영향을 주었다. 이를테면, 유럽은 위성제조 기술에 대한 규제로 발사가 지연되는 경우가 많지만 인도에서는 정부 주도로 이루어지기 때문에 이러한 일은 일어나지 않는다.

이처럼 인도에서 우주항공 기술이 발전할 수 있었던 데는 정부의 적극적 역할이 컸다. 인도는 현재 달뿐 아니라 화성에도 우주정거장을 가지고 있다. 고유의 위성발사 기술을 가지고 있는데 인도의 위성 기술은 미국이나 일본, 유럽에 비해 훨씬 저렴하다. 이 때문에 아시아, 아프리카, 유럽 동부의 국가들은 통신위성이나 기상위성을 발사하기 위해 인도의 기술을 활용한다.

프라딥 아그라왈
인도 델리대학교 경제성장연구소 교수

인도의 우주항공 기술은 국제 정상급에 다다랐습니다. 그렇게 발전할
수 있었던 것은 정부의 지원 덕택입니다. 또한 국제적인 수준의 과학자
와 연구자들을 보유하고 있는 것도 인도의 강점이죠.

인도는 현재 한 해 8~9회 발사할 수 있는 수용력을 갖추고 있다.

이것은 우주 관측과 통신 분야에서 필요한 수요에 비해서는 아직 부족한 수준이다. 그래서 인도 정부는 향후 더 역량을 키울 계획을 세우고 있다. 인도는 세계 우주 산업 분야의 일원이 되는 것을 목표로 하고 있기 때문이다.

스마트 혁신도시로 탈바꿈한
사탕수수 마을

나렌드라 모디 총리는 IT 산업을 활성화시키겠다는 의지로 '스마트 시티' 정책을 발표했다. 스마트 시티 개발의 롤모델이 되는 도시가 있는데 뭄바이 남동쪽의 푸네 인근에 위치한 첨단 혁신도시 '마가르파타'다. 2008년 시드니 대도시 대회에서 '에코 도시상'을 수상했으며, 2013년 '사회혁신국제회의'에서 세계 혁신도시의 사례로 선정되기도 했다.

마가르파타는 원래 사탕수수를 재배하는 농촌 마을로 123가구에 800여 명의 농민이 살고 있었던 곳이다. 그런데 마을 사람 중 하나인 사티시 마가르는 마을 사람들에게 한 가지 계획을 제안했다. 푸네 도심에서 가까운 자신들의 마을을 세계 최고 수준의 IT 도시로 건설하자는 제안이었다. 1990년대 당시 인도는 통신 산업의 발전이 시작되고 있던 시기였으며 마가르파타 바로 옆 도시 푸네는 도시 확장과

가난한 농촌 마을이던 마가르파타는 주민들의 노력으로 스마트 혁신도시로 탈바꿈할 수 있었다.

함께 급성장한 인구를 감당할 수 없는 수준에까지 이르렀다. 이러한 환경적 요인 속에서 마가르파타가 살아날 수 있는 길은 발전적인 모습으로 탈바꿈하는 것뿐이었다. 다른 마을처럼 원주민들이 쫓겨나듯 떠나는 재개발이 되지 않기 위해서라도 마을 사람들 스스로 마을을 개발하고 발전시킬 필요가 있었다. 마을 사람들이 8년간 도시 개발을 추진한 끝에 마가르파타는 첨단정보통신 산업 도시로 허가받게 된다.

사티시 마가르
인도 마가르파타 도시위원회 대표

IT 산업이 계속 크게 성장해가던 시기라 이러한 산업을 마을에 들여오지 못할 이유가 없다고 생각했습니다. IT 산업은 공해도 없고 여러 일자리를 만들 수 있습니다. 주민들은 이곳에서 일하고 생활하며 시설도 이용할 수 있습니다.

마을 주민들은 농지를 파는 대신, 도시 개발 지분의 운영수익금을 나눠받는 조건으로 도시 개발에 몰두했다. 그 결과, 국내외 정보통신 기업 100여 개를 유치하는 데 성공했으며, 마을 주민들이 이들 기업에 취업할 수 있는 기회도 얻었다. 도시를 개발하기 전 주민들의 월

평균 소득은 1,000~2,000루피(1만 7,000원~3만 4,000원) 수준에 불과
했지만 지금은 20만 루피(340만 원) 이상을 벌어들이고 있다. 또한 주
거환경도 믿을 수 없을 정도로 좋아졌다. 아파트 30여 동, 오피스 건
물 20여 개, 쇼핑몰, 스포츠 센터 등이 들어섰으며, 그 외 주민들의
편의 시설이 모두 구비되어 있다. 현재 마가르파타에는 총 10만 명
의 사람들이 살고 있으며 이들이 자족할 수 있는 시스템으로 운영되
고 있다. 녹지의 30%는 남겨두고, 태양열을 활용해 바이오 가스를
생산하거나 유기농업을 하는 등 지속 가능한 도시로서의 면모도 갖
추고 있다. 농사를 짓고 싶어 하는 사람들을 위해 시가지 외각에 농
지를 마련하기도 했다.

 마가르파타는 한 마을의 성공적인 변화가 마을 주민들의 삶의 질
을 얼마나 바꾸어놓았는지 여실히 보여주는 중요한 사례다. 특히 이

도시의 가장 큰 특징은 국가 주도의 개발이 아니라 주민 공동체의 자발적 개발로 진행되었다는 것이다. 주민 108명이 꾸린 주민위원회는 문화, 스포츠, 어린이, 여성 등 6개 분과별로 논의하고, 환경, 안전, 일자리 등의 문제나 해결 방안에 대해 두 달에 한 번 여는 전체 회의에서 토론하기도 한다. 도시 개발뿐 아니라 운영에서도 주민들의 자치적인 활동이 지속적으로 이루어지고 있는 것이다.

자신의 모든 땅을 과감히 투자했던 마을 주민은 "도시가 성공하니까 우리도 함께 성공했다. 이렇게 서로 도움을 주고받으면서 함께 성장하게 되었다"고 말한다. 도시 개발을 빌미로 지역 주민을 쫓아내는 것이 아니라 지역 주민의 참여를 이끌어내어 함께 발전할 수 있었던 마가르파타의 성공은 새로운 도시 개발 모델로 세계의 주목을 받고 있다.

인도 정부는 이 마가르파타의 성공 경험을 바탕으로 인도 전역에 스마트 시티 100개를 건설하겠다고 발표했다. 이는 나렌드라 모디 총리가 야심차게 추진하는 핵심 경제 정책 중 하나다. 100개의 스마트 혁신도시를 건설하기 위해서는 엄청난 규모의 예산이 필요하기 때문에 인도 정부는 현재 민간 기업들과 손을 잡고 미래 도시를 건설 중이다.

비벡 데브로이
인도개조국가기구(NITI) 경제연구원

'메이크 인 인디아'나 도시를 혁신하는 '스마트 시티' 등의 정책들은 도시화를 진척시킵니다. 이 모두는 인도의 국민이 더 나은, 더 번영하는 삶을 살 수 있도록 만들 것입니다.

리처드 로소
미국 국제전략문제연구소(CSIS) 선임연구원

인도가 강점을 찾고 새로운 산업 분야를 개척해나가는 모습으로 볼 때 앞으로 50년간 더 많은 발전을 이룰 수 있지 않을까 생각합니다. 들쭉날쭉할 수는 있겠지만 결국 성장하는 방향으로 갈 것입니다. 그 누구도 50~100년이 지나 인도가 세계경제 2위 정도의 수준이 될 것이라는 걸 의심하지 않을 겁니다.

3부

국경이 사라진 기회의 땅,
인도차이나

길이 경계를 허물면서 새로운 기회의 문을 열고 있는 인도차이나. 태국, 미얀마, 라오스, 베트남을 관통하는 아시안 하이웨이(Asian Highway)는 유럽까지 연결된다. 도로가 뚫리고 다리가 건설되면서 이들 국가 간의 관계는 더 유연해졌으며, 활발한 무역으로 경제성장의 발판을 마련하고 있다. 국경이 사라진 기회의 땅, 하나의 시장을 향해 질주를 시작한 역동의 땅, 인도차이나의 변화는 다른 나라들에게도 기회가 되고 있다.

01

무너진 경계,
시작된 변화

국경을 넘어
출근하는 사람들

태국 북서부에 위치한 메솟은 인구 20만에 불과한 작은 도시로, 50m도 되지 않는 강줄기를 사이에 두고 미얀마의 미야와디와 국경을 마주하고 있다. 국경인 모에이 강을 건너는 데 걸리는 시간은 단 5분에 불과하다. 두 지역의 사람들은 쪽배를 이용해 자유롭게 국경을 넘나들며 국경무역을 해왔다. 이곳의 국경무역은 주로 미얀마인들이 생필품이나 중고 물품을 태국에서 사가는 것이다. 오래전부터 있어온 무역이기에 관세는 따로 없다.

▌강을 사이에 두고 마주하고 있는 미얀마와 태국 사람들은 쪽배를 이용해서 국경을 넘나들며 국경무역을 해왔다.

소포도
미얀마 카렌족 민족해방군 총사령관

미얀마 전체에서 무역이 가장 활발한 지역이 바로 이곳 국경도시 미야

와디입니다. 미야와디와 태국 메솟을 오가는 무역량만 해도 하루에 약

3억 밧(96억 원) 이상입니다.

그런데 최근 이들 국경도시의 풍경이 달라지고 있다. 두 나라를 잇는 유일한 육로, '우정의 다리'는 미얀마에서 태국으로 넘어오는 차들과 사람들로 북적인다. 하루 평균 2,000대의 차가 다니고 5,000명가량의 사람이 오간다. 메솟의 출입국관리소는 국경을 넘어오는 미얀마 사람들로 아침 6시부터 장사진을 이룬다. 대부분 메솟에 있는 공장으로 일하러 가는 미얀마 근로자들이다. 태국 정부가 미얀마 정부에 공식 요청을 하면 미얀마 정부는 태국에서 일할 근로자를 보내주는 형식이다. 이 때문에 국경을 넘는 절차는 그리 복잡하지 않다. 미얀마 근로자들은 여권만 보여주면 간단히 태국 땅을 밟을 수 있다. 근로자뿐 아니라 상품도 쉽게 국경을 넘는다.

두 나라를 잇는 우정의 다리는 30년 전에 건설되었지만, 이 다리를 통한 교역은 과거에는 그리 활발하지 않았었다. 우정의 다리가 교역의 통로가 된 것은 2013년 태국 정부와 미얀마 정부가 국경무역을 활성화시키고자 평화 협정을 맺은 이후다. 메솟 전체가 경제특구로 지정되면서 태국과 미얀마 사람들의 이동이 쉬워진 것이다.

메솟은 태국에서 가장 큰 경제특구로 현재 메솟 공단에서 일하는 근로자는 약 5만 명 정도다. 덕분에 가난한 미얀마 사람들은 평균 150달러(165,000원)의 월급을 받으며 일할 기회를 가지게 되었고, 공장을 운영하는 태국인들은 미얀마 인력 덕분에 가격 경쟁력을 가질 수 있어 두 나라 모두 긍정적인 효과를 얻고 있다.

▌두 나라를 연결하는 우정의 다리(좌)와 태국 메솟으로 일하러 가는 미얀마 근로자들(우).
이들은 출입국 관리소에서 여권만 보여주면 쉽게 국경을 넘을 수 있다.

수타타 사이와닛
태국 딱 주 부주지사

미얀마와 접해 있는 태국의 국경 지역은 약 300km에 이릅니다. 이 국
경을 통해 왕래하는 미얀마 근로자만 해도 한 달에 최소 1만~2만 명입
니다. 메솟에서는 미얀마 근로자들을 얼마든지 쉽게 구할 수 있기 때문
에 투자자들에게는 사업하기 좋은 환경입니다.

특히 자국에서 다양한 물자를 구할 수 없는 미얀마 사람들은 이 다
리를 건너 시장을 보러 오기도 한다. 그들은 생선소스, 콜라, 과일, 옷
등 다양한 품종을 메솟에서 구입해 쓰고 있다. 오랜 내전으로 경제성
장이 주춤했던 미얀마에서는 구입하기 힘들었던 물품들이다. 하지만

두 나라 사이의 무역장벽이 낮아지자 사람들은 자유롭게 이동하며 쉽게 원하는 생필품을 구입할 수 있게 됐다.

태국 정부는 2019년 개통을 목표로 모에이 강에 두 번째 우정의 다리를 건설 중이다. 현재 메솟에 있는 우정의 다리는 매우 중요한 역할을 맡고 있지만 낡고 좁아 점차 많아지는 운송량을 감당하기 어렵다. 따라서 다른 국가와의 교역을 넓혀나가기 위해서는 두 번째 다리의 건설이 필수적이다. 두 번째 다리와 도로가 완성되면 인도차이나 반도의 동쪽 끝부터 서쪽 끝까지 길이 이어지게 된다.

태국 인프라와
미얀마 노동력의 결합

한국 기업 TNC는 글로벌 생산기지 확보를 위해 인도차이나 반도 곳곳을 물색했다. 그리고 2009년 고심 끝에 태국 국경도시인 메솟에 생산기지를 건설하기로 결정했다. 동남아에서는 모든 원재료의 공급처가 태국인데 TNC에서 생산하는 전자부품 '노이즈 필터'에 필요한 코일, 동선 등 모든 원재료를 메솟에서 자유롭게 구입할 수 있기 때문이다.

'노이즈 필터'는 냉장고, TV, 컴퓨터, 전자레인지 등 모든 전자제품에 들어가는 부품이다. 전자제품은 필연적으로 전자파를 발생시키는데 이 전자파를 깨끗하게 정류해주는 것이 '노이즈 필터'다. 순간적으로 전압이 높아지거나 이상 현상이 발생하면 오작동을 일으킬 수 있는데, 이것을 방지하기 위해 전자파 방지 장치를 써야 한다. 전자파가 발생되는 대부분의 전자제품에 들어가기 때문에 노이즈 필터의 수요는 많을 수밖에 없다. 게다가 TNC 공장은 전 세계 물량의 반 이상을 공급하는 곳이라 생산량이 엄청나다. 그런데 노이즈 필터의 생산공정은 수월하지 않다. 현재까지 전 공정의 겨우 40% 정도만 자동화가 되어 있어 기계의 힘을 완전히 빌릴 수가 없는 상황이기 때문이다. 생산공정의 60%가 사람 손으로 이루어지고 있어 당연히 인건비 문제가 대두될 수밖에 없다. 이러한 점에서도 메솟은 TNC가 공장을 운영하기에 최적의 장소였다.

오운남
전자부품 기업 TNC 태국 법인장

미얀마와 태국에서 들어오는 모든 물류의 길목이 메솟입니다. 산업 인프라와 원재료 조달은 모든 원재료가 들어오는 태국에서 해결하고, 공장에 필요한 사람들의 고용은 미얀마에서 하는 걸로 구상하고 여기에 공장을 건설했습니다.

▌태국 메솟의 공장에서 일하는 직원의 상당수가 미얀마 사람들이다.

　메솟은 태국의 인프라는 물론이고 미얀마의 노동력을 활용하기에 좋은 곳이다. 산업 시설이 전무해 일자리를 구하기 쉽지 않은 미얀마 사람들을 고용할 수 있기 때문이다. 현재 TNC 공장에서 근무하는 직원들 중 1,000여 명이 미얀마 사람들이다. 관리직으로 있는 태국인들을 제외하면 거의 100%에 가까운 수치다. 이들 중에는 수천km 떨어진 시골에서 국경을 넘어온 사람들도 있다. 또한 형제나 자매를 데려와 함께 일하는 사람들도 상당히 많으며 부부 노동자도 어렵지 않게 볼 수 있다.

　노이즈 필터 같은 핸드 메이드 전자부품은 섬세한 손 기술과 상당한 숙련도가 필요하다. 미얀마 사람들은 이러한 고난이도의 작업을 잘해내면서도 부지런하고 성실하다. 가난한 나라에서 가난한 삶을 대물림해왔던 이들에게 공장에서 일하는 것은 새로운 희망이기에 쉽게 일을 그만두지도 않는다. 미얀마의 직원들은 새로운 희망을 찾고, 한국 기업은 새로운 탈출구를 찾은 셈이다. 메솟을 선택한 TNC의 선택은 상당히 성공적이었다. TNC는 중국에도 두 곳의 공장이 있지만 가파른 인건비 상승과 구인의 어려움이라는 이중고를 겪고 있다. 반면, 미얀마의 노동력은 바로 이러한 이중고를 해소시켜주면서 동시에 상품의 경쟁력을 높여주었다.

미얀마는 태국에 노동력을 제공하고, 태국은 미얀마의 경제 발전에 도움이 될 수 있는 기초 기술이나 생필품을 제공함으로써 양국은 서로 필요한 부분을 상호 교환하고 있다. 태국 정부와 미얀마 정부는 앞으로 메솟과 미야와디를 합쳐서 경제특구로 발전시키려는 계획도 세우고 있다.

아시안 하이웨이,
하나로 연결되는 땅

R3이라 불리는 아시안 하이웨이 3번 도로는 태국, 라오스, 중국을 연결한다. 이 도로는 태국이 주도적으로 만들고 있지만 중국의 자본도 상당히 들어가 있다. 중국은 이 길을 활용해 태국은 물론이고 미얀마와 미얀마 옆의 파키스탄과 인도까지 육로로 진출할 계획을 갖고 있기 때문이다.

▍태국, 라오스, 중국을 연결하는 아시안 하이웨이 3번 도로.

사실 이 3번 도로는 아시안 하이웨이의 첫 단추일 뿐이다. 이렇게 만들어진 길은 아시아 32개국에 걸쳐 55개의 노선으로 형성되어 있으며 총 길이만 14만km에 이른다. 이 도로들은 동서남북으로 뻗어나가 베트남, 미얀마, 중국 등의 국경 지역으로 연결되어 있다. 중국의 입장에서는 아시아의 각국으로 수출을 하기에 매우 좋은 길인 셈이다. 이것은 태국, 베트남, 미얀마, 말레이시아 등의 다른 아시아 국가에도 마찬가지의 장점을 가져다준다.

실제로 아시안 하이웨이는 각 아시아 국가들의 물류비용과 물류시간을 획기적으로 줄이는 데 큰 역할을 했다. 이를테면, 베트남에서 미얀마 양곤까지 해운을 통할 경우에는 15일이 소요되었지만 아

❘ 아시안 하이웨이는 인도차이나 반도의 나라들을 연결할 뿐만 아니라 유럽까지 이어질 계획이다.

시안 하이웨이를 통하면 5일~7일이면 충분하다. 또한 개별로 소규모 물량의 이동도 가능해졌다. 특히 산악 지역이기에 물류 이동률이 높지 않았던 캄보디아, 미얀마, 태국의 교역이 훨씬 활발해진 것도 주목할 만하다.

아시안 하이웨이는 사람들의 생활에도 긍정적인 영향을 끼치고 있다. 방콕이나 푸껫 등 태국 남부 지역으로 여행하는 중국인들이 길에서 보내는 시간이 줄어들었다. 그 덕분에 태국은 더 많은 중국인 관광객을 유치할 수 있게 되었다. 태국 정부는 아시안 하이웨이가 지나가는 세 개의 도시(치앙콩, 치앙센, 매사이)를 경제특구 지역으로 선정함으로써 투자자들의 활발한 투자를 유도하고 있다.

오라타이 홍프라윤
태국 치앙콩 시장

인도, 인도네시아, 중국 사람 들을 모두 합치면 무려 수십 억 명의 인구가 소비자가 되는 것입니다. 태국이나 라오스 등 아세안 국가들이 연합해 소비의 질을 높이게 될 것입니다. 이들 아시아 국가가 모두 뭉치면 어떤 일이 일어나겠습니까? 그래서 아시안 하이웨이 3번 도로는 매우 중요한 프로젝트입니다.

이우석
개발시행사 AAC 그린시티 라오 회장

중국 남부 3성으로 원난, 구이저우, 쓰촨을 이야기하는데 이 세 성의 인구만 해도 2억 명에 이릅니다. 이 인구들이 해변으로 가는 가장 가까운 길이 이 길입니다. 예전에는 중국에서 물류를 할 때 상하이나 홍콩으로 물건을 빼서 동남아로 이동하는 데 한 달이 걸렸습니다. 그런데 아시안 하이웨이가 만들어지면서 하루 만에 물류가 이뤄지고 있습니다.

현재 아시안 하이웨이는 미얀마 국경까지 나 있지만 앞으로는 미얀마 내륙을 거쳐 인도까지 연결시키는 것이 이들 나라의 계획이다. 만약 인도까지 길이 구축되면 그야말로 아시아의 모든 나라가 육로로 연결된 꿈의 길이 되는 것이다.

02

가난한 나라에서
기회의 땅으로

정치적으로 불안정한
폐쇄 국가

태국의 국경도시 메솟이 경제특구로 지정된 후, 미얀마의 국경도시 미야와디에서는 경제활동이 활발해졌다. 이전의 보따리 무역 수준을 뛰어넘어 중·소규모의 무역이 생겨났을 정도로 무역 규모도 커지고 있는 상황이다. 하지만 이곳은 얼마 전까지만 해도 카렌족 반군이 활동하던 미얀마의 대표적인 내전 지역이었다.

미얀마는 1885년 영국의 식민지가 되었다. 1948년 영국으로부터 독립하면서 국호를 버마 연방으로 바꿨고, 민주화 요구 시위를 무력으로 진압한 신군부가 집권하면서 1989년 미얀마 연방으로 바꿨다.

독립 이후 미얀마는 60년 이상을 내전에 시달려야 했다. 미얀마의 인구는 약 5,689만 명으로 우리나라보다 조금 많지만 면적은 6배가 넘는다. 미얀마는 135개의 다양한 민족으로 구성되어 있다. 전체 인구 중 버마족이 68%, 샨족이 9%, 카렌족이 7%, 라카인족이 4%, 그리고 100개나 넘는 기타 소수민족이 12%를 차지한다. 이렇게 많은 민족들이 모여 사는 만큼 영국으로부터 독립한 후에도 화합은 쉽게 이루어지지 않았다. 분리 독립을 요구하는 소수민족은 정부군과 무장투쟁을 벌이기도 했다. 특히 전체 인구의 9%에 해당하는 샨족은 미얀마 정부군에 대항하는 대표적인 민족이다.

영국의 식민지가 되기 이전까진 샨족은 버마족과는 다른 독자적 군주체제를 갖고 있었다. 영국령이 된 후 샨족은 영국으로부터 독립하기 위해 버마족을 비롯한 다른 부족들과 연합국가를 만들 것에 합의했다. 하지만 막상 독립이 된 후에 버마군은 샨족을 점령해 계엄을 선포했고, 1962년, 연합헌법이 완전히 폐기되며 샨족은 미얀마에 편입되어버렸다.

이것은 단지 샨족에게만 일어난 일은 아니다. 버마족을 제외한 대부분의 소수민족들은 그들이 원하지 않는 정부의 지배를 받게 되었다. 이후로 미얀마는 긴 내전의 시간을 겪었다. 정부군을 상대로 싸운 대표적인 민족으로는 샨족 외에도 카렌족이 있다. 카렌족은 미얀마의 남부에 몰려 있는 소수민족으로, 목에다 여러 개의 링을 차 목을 길게 늘이는 것으로 유명하다. 이들은 미얀마 정부군에 대항하는 반군으로 활동하며 오랫동안 투쟁의 역사를 걸어왔다. 이렇게 정부군과 분리 독립을 요구하는 소수민족 간의 내전이 계속되면서 미얀마의 시계는 멈추고 말았다. 경제는 제자리걸음에서 벗어나지 못했고 미얀마인들의 삶을 피폐해졌다. 하지만 2015년 10월, 카렌족을 비롯한 8개 무장 세력과 미얀마 정부가 정전협정에 서명하면서 마침내 미얀마의 내전은 종지부를 찍었다.

식민 지배와 해방 직후부터 시작된 군부독재, 그리고 계속된 내전을 겪으며 미얀마인들은 민주주의와 변화를 갈망했다. 그 변화의 중

미얀마 최초의 문민정부 출범
2016년 4월

▎오랜 내전과 군부독재로 고립됐던 미얀마는 민주정부가 들어선 이후 개방에 급물살을 타기 시작했다.

심에는 아웅 산 수 치 여사가 있었다. 2015년 11월 8일 총선에서 아웅 산 수 치 여사가 이끄는 야당이 압승을 거두면서 미얀마 역사상 첫 민주정부가 세워졌다. 아웅 산 수 치의 압승은 군부독재 시대가 막을 내리고 53년 만에 미얀마가 민주화의 길로 들어섰음을 알려주는 신호탄이었다. 정치적 안정을 되찾자 국경에도 평화가 찾아왔다. 그러자 새로운 정부는 적극적인 개방 정책을 펼치기 시작했다.

쩌윈
미얀마 기획재정부 장관

약 50년이 넘도록 미얀마는 제한된 상황에서 아무런 변화가 없었습니다. 사실 미얀마에는 풍부한 자원과 노동력이 있습니다. 그런데도 아시아뿐 아니라 전 세계적으로도 가난한 나라가 되어버린 것은 잘못된 시스템과 제도 때문입니다.

가난한 자원 부국에
시작된 변화

　　　　　　　　　　　　지난 반세기 동안 미얀마는 지구촌에서 가장 폐쇄적인 국가 중 하나였다. 열 명 중 아홉 명이 불교 신자인 이 나라는 얼마 전까지만 해도 전통적 가치와 삶의 방식을 고수해왔다. 또한 경제적, 사회적 인프라가 굉장히 열악한 상황에 놓여 있기에 농업이나 여타 천연자원과 관련한 사업 외에는 산업 자체가 전무했다. 전력의 전체 평균 공급률도 30%에 불과했다. 그나마 평균 80%의 전력이 공급되는 양곤을 벗어나면 전기가 거의 들어오지도 않았다. 바로 이러한 상황 때문에 외국 투자기업들은 미얀마 진출에 난항을 겪기도 했다. 하지만 개방이 시작되면서 변화의 급물살이 시작되었다. 개혁개방 이후, 미얀마는 매년 경제성장률 7% 이상을 기록하면서 고성장을 계속하고 있다. 미얀마의 장기적 성장 가능성은 외국 투자기업이나 외국인들이 결코 물러설 수 없게 만드는 달콤한 열매다.

손승호
한국수출입은행 양곤 사무소장

미얀마가 경제 개혁개방 정책을 실시하고, 세계시장에서 인정받으면서 아세안경제공동체(AEC)도 세계시장과 겨룰 수 있게 된 겁니다. 국경무역이 활발해지고 주요 무역거점 간 교통 인프라가 구축된다는 사실은 앞으로 미얀마가 물류를 통해 본격적으로 경제 발전을 이룰 수 있다는 중요한 의미를 지닙니다.

미얀마가 속해 있는 인도차이나 반도는 인도와 중국의 중간 지역에 위치한 나라들을 일컫는다. 인도차이나 반도의 베트남, 라오스, 캄보디아, 미얀마 4개국은 유사한 경제구조를 지닌다. 4개국 모두 풍부한 농산물을 활용한 경제개발 정책을 추진하고 있으며, 저임금의 풍부한 노동력을 활용하는 것이 가능하다. 다만 베트남은 다른 3개국에 비해 20년가량 앞서 있다. 이들 4개국을 균형적으로 발전시키는 데 결정적인 역할을 하는 것이 '메콩 강 종합개발 계획'이다. 메콩 강 종합개발 계획은 이들 나라를 하나로 이을 수 있는 교통, 물류, 통신 인프라를 구축한다는 것이다.

　　미얀마는 베트남, 라오스, 캄보디아와 함께 중국과 인도로 영역을 넓혀나갈 수 있는 중요 지점이다. 동서경제회랑(East-West Economic Corridor, 미얀마와 태국, 라오스를 거쳐 베트남으로 연결), 남북경제회랑

▌ 정부의 적극적인 개방 정책으로 미얀마 곳곳에 고층 건물 공사가 진행 중이다.

(South-North Economic Corridor, 중국 쿤밍에서 미얀마나 라오스를 거쳐 베트남으로 연결)의 교통로 역할도 가능하다. 특히 중국의 입장에서 미얀마는 중국이 남쪽으로 나올 수 있는 출구이기에 지정학적으로도 중요한 나라다. 현재 미얀마의 지하자원은 육로를 통해 중국으로 수출되고 있다. 이 때문에 중국은 국가적 차원에서 미얀마 진출을 도모하고 있으며 실제로 미얀마에 누적투자액이 가장 많은 나라이기도 하다.

지난 2012년 아시아개발은행도 미얀마에 투자하기 시작했다. 아시아개발은행은 앞으로의 미얀마 경제성장률을 8%로 전망했다. 미얀마는 빠르게 성장하고 있는 동남아시아 지역 중에서도 아주 빠르게 성장 중인 나라다. 미얀마의 발전은 아세안 국가들 간 연결에서도 시너지 효과를 일으켜 동남아 전역의 성장 가능성을 높여줄 것이다. 그렇기 때문에 향후 5년 정도는 동서경제회랑이 지나는 미얀마가 아시아의 성장과 개발에 있어 아주 중요한 곳이 될 것이다. 아시아개발은행은 이 같은 분석을 기반으로 '동서경제회랑 프로젝트'가 미얀마까지 연결될 수 있도록 도로 건설에 투자하고, 동서경제회랑 안에 있는 도시를 개발하여 연결하는 도시 개발 프로젝트를 계획하고 있다. 동서경제회랑이 완성되면 미얀마 남부 지역 어디에서든 태국 메솟을 지나 방콕이나 중국까지 농산물을 비롯한 다양한 상품의 운송이 가능해질 것이다.

피터 브림블
아시아개발은행 미얀마 지부장

동서경제회랑의 가장 중요한 기능은 미얀마와 라오스의 사업체들을 세계에 진출시키고 그들 나라의 제품들을 세계시장에 내놓는 것입니다. 미얀마가 직면한 가장 큰 과제는 주변 국가와의 연결성입니다. 그 연결성이란, 미얀마에서 생산된 제품들이 태국에 있는 수출항까지 운송되도록 만드는 것이죠.

미얀마는 아직까지 저개발국 국가로 분류되어 있다. 풍부한 자원과 노동력이라는 원동력은 있지만 미얀마의 시스템이나 제도는 그동안 경제 발전을 가로막아왔다. 하지만 미얀마에서 경제 개방과 정치적 안정이 이뤄지고 그것이 외국인들의 과감한 투자로 이어지면서 가난한 나라에 돈이 모이기 시작했다. 이제 미얀마 정부는 제한된 경제 시스템 및 제도를 개선하고, 더 많은 투자를 받아들여 자국민들에게 일자리의 기회를 제공하고자 한다. 해외투자는 미얀마의 경제 발전을 앞당기며 경제규모를 키울 수 있는 견인차 역할을 할 것이다.

일본 정부 주도로 만들어진
미얀마의 경제특구

양곤 외각에 위치한 틸라와 경제특구는 미얀마 최초의 경제특구다. 2014년 미얀마 정부가 51%, 일본이 49%의 자본을 투자해 여의도보다 더 큰 면적인 405헥타르에 이르는 지역을 개발하고 있다. 현재 틸라와 경제특구에 73개의 업체가 입주해 있으며, 27개의 업체는 공장을 건설 중이다.

2011년 민주정부가 설립된 후, 미얀마는 그 어느 때보다 경제성장을 요구받게 된다. 미얀마는 농업과 여타 천연자원 관련 사업 외에는 산업 자체가 전무했기 때문이다. 경제를 성장시키고 민주체제를 안정시키기 위해서는 해외자본으로부터 투자를 받을 필요가 있었다. 그러자면 해외기업이나 외국인이 직접투자를 유치할 곳이 있어야 했는데, 그 필요에 의해 시작된 것이 바로 틸라와 경제특구다. 이를 위해 미얀마 정부는 일본에 손을 내밀었고, 일본은 미얀마의 손을 잡았다. 일본 정부의 입장에서도 틸라와는 중요한 지역이다. 일본이 필요로 하는 노동력을 구하기 쉬울 뿐만 아니라 미얀마의 내수시장으로 진입할 수 있는 유리한 위치까지 선점할 수 있어서다. 또한 수도 양곤과 인접해 있으며 인근 항구를 통해 대양으로 진출할 수 있다는 장점도 있다.

┃ 양곤 외각에 위치한 틸라와 경제특구는 일본 자본이 49% 투자되어서 만들어졌다.

일본 아베 총리는 2011년 미얀마에 방문하여 당시 미얀마 대통령
이었던 테인 세인에게 원조를 약속했다. 일본 기업이 수주를 따낼 기
회를 높이고, 중국을 견제하기 위해서도 미얀마는 일본 정부에게 전
략적으로 굉장히 중요한 국가였다. 일본은 미얀마의 개방에 따라 일
본 기업들의 미얀마 진출을 강화하기 위해 미얀마가 그동안 가지고
있던 부채 37억 달러(4조 700억 원)를 변제해주기도 했다. 그리고 두
나라는 합작으로 양곤 외각에 위치한 틸라와에 경제특구를 조성하
기로 합의했다. 이것은 미얀마의 풍부한 자원과 노동력을 활용하는
한편, 성장 가능성이 높은 미얀마 시장을 선점하기 위한 일본의 발
빠른 움직임이었다. 그 결과, 일본은 미얀마에서 대부분의 산업에 투
자하며 두각을 나타내고 있다.

손승호
한국수출입은행 양곤 사무소장

일본은 2012년 미얀마에 대한 민간협의체를 구성하고 이것을 통해서 대규모 투자를 진행하고 있습니다. 일본은 사업이 발굴되면 아예 전액을 지원하는 것을 정책으로 삼고 있어요. 특히 틸라와 산업단지 개발은 경제적 수익성보다는 일본 정부의 정책적 판단에 따라 지원하는데요. 그 산업단지를 지원하기 위해 대규모 교량 건설, 발전소, 여러 가지 부대 인프라를 추가적으로 지원할 계획입니다.

야나이 타카시
틸라와 경제특구 현지개발사 MJTD 대표

미얀마는 이제 막 성장하기 시작한 국가입니다. 아직 많은 잠재력과 가능성을 가지고 있죠. 개발 전 이곳 부지의 사진을 보시면 놀라실 겁니다. '이게 같은 장소야?' 하는 생각이 들죠. 3년 전만 해도 이 지역에는 아무것도 없었습니다. 소와 버팔로, 염소밖에 없었습니다. 인프라도 인력도 없었습니다. 하지만 지금은 인프라는 물론 공장까지 세워졌습니다. 모두 3년 동안 일어난 일이죠. 이 지역의 풍경은 완전히 바뀌었습니다. 훌륭한 인프라를 갖추면서 기존에 미얀마에 없던 신 산업들이 틸라와 경제특구에 생기고 있습니다. 미얀마 입장에서는 아주 큰 변화입니다. 10년 뒤에 미얀마가 어떻게 발전할지 상상할 수 없습니다.

미얀마는 중국, 인도, 태국과 맞닿아 있어 아시아 시장으로 진출하고자 하는 기업들에겐 전략적으로 매우 중요한 위치에 자리하고 있다. 바로 이 같은 이유로 틸라와에 입주한 기업 대부분은 수출을 염두에 둔 외국 업체들이다. 이들 업체가 미얀마에 투자를 하면서 미얀마의 산업 성장에 필요한 인프라가 개선되고 있으며, 제조업의 성장도 지속될 가능성을 보이게 되었다. 특히 2016년 미얀마에 대한 미국의 경제제재가 완전히 해지되면서 미국 투자자본이 유입될 가능성도 높아졌다. 이러한 여러 이유로 미얀마는 아직 덜 개척된 시장으로서 세계의 많은 기업들에게 기회의 나라다.

임선규
미얀마 포스코대우롯데호텔 프로젝트 총괄책임자

미얀마가 개방되고 경제 발전이 이루어지면서 앞으로 많은 투자자들이 이곳에 몰릴 것으로 예상합니다. 새 정부의 목표는 민주화를 중심으로 한 경제개발입니다. 그러다 보니 정치적 측면에서는 민주화를 확보해 가면서 경제개발도 차근차근 이루어가는 모습을 보이고 있습니다. 상

당히 신중하지만 분명한 방향성을 갖고 새 정부가 경제 정책들을 펴나

가고 있다고 봅니다. 특히 그중에서 강조하는 부분이 외국인 투자의 확

대와 인프라의 확충입니다.

기회를 먼저 잡는 자가
살아남는다

한국의 의류 중견기업 신성통상은

2010년 양곤의 외곽에 입주한 후 6개의 공장을 지어 규모를 늘렸다.

만여 명이 넘는 미얀마 근로자들이 이 공장에서 일 년 동안 만드는

옷은 2,500만 장이다. 이 옷들은 세계 곳곳으로 수출되고 있다.

신성통상은 제품 기획에서부터 디자인, 원부자재 구매, 생산, 유통

까지 제조회사가 맡는 SPA브랜드 기업이다. 고객의 수요와 시장 상

황에 따라 짧은 기간 동안 다품종 대량공급도 가능하다. 특히 신성

통상은 의류업체로는 드물게도 자체 공장에서 모든 생산을 한다. 또

한 공장 하나는 ODM(제조업자 개발 생산) 방식으로 가동시키고 있

다. ODM은 생산자가 설계부터 제작 및 생산까지 모두 주도하여 완

성하는 것을 뜻한다. 주문자가 요구하는 대로 제품을 생산하여 주문

자 상표명으로 납품하는 OEM(주문자 상표 부착 생산) 방식과는 다르

다. ODM 업체는 높은 전문성을 갖춘 제조업체로서 자체 기술력과

부가가치도 높은 편이다. 따라서 ODM으로 주문을 맡긴 업체는 제품의 품질을 신뢰할 수 있다는 장점이 있다. 현재 신성통상의 ODM은 유럽과 특혜 관세 체결이 되어 있다. 신성통상은 자체 브랜드 생산과 ODM 생산라인을 둘 다 구축해둔 상황이다.

신성통상은 처음부터 자체 브랜드를 가진 의류업체는 아니었다. 1968년 창립한 이후로 베트남, 니카라과, 온두라스, 인도네시아에서 글로벌 패션업체를 대상으로 ODM을 해온 업체였다. 이러한 경험은 각 나라의 상황에 맞는 아이템을 특화시켜 생산할 수 있는 기반을 만들어주었다. 그러던 차에 외국의 공룡 브랜드들이 한국으로 진출해 매년 엄청난 속도로 성장하며 한국 시장을 잠식해갔다. 한국의 많은 고유 브랜드들의 판매량은 급감했으며 유통 기반이 무너지는 현상까지 가게 되었다. 이러한 현실에서 신성통상은 대응책을 찾

▌신성통상은 다국적 공룡 브랜드에 맞서기 위해 공장을 미얀마로 옮겼다.

아야 했다. 그리고 그 대응책으로 미얀마를 전략적 생산기지로 삼는 계획을 세우게 된다. 당시 한국 업계에서는 미얀마에 관심을 두지 않았다. 폐쇄적인 데다 경제적, 사회적 인프라가 부족한 나라에 투자를 꺼렸던 것이다. 하지만 신성통상은 미얀마의 발전 가능성, 국민들이 갖고 있는 문화적 자부심, 안정적 심성 등을 중요한 투자 결정 요소로 판단하고 2010년에 미얀마 공장을 설립했다.

서승철
신성통상 미얀마 법인장

유니클로, 자라, H&M과 같은 글로벌 공룡 브랜드들에 대응하기 위해서 미얀마를 전략적 생산기지로 선정했습니다. 6년이 지난 2016년에 고용한 현지 직원은 8,400명으로 약 10배가 늘었고 연 생산량도 약 140배의 성장을 기록했습니다. 미얀마에 진출한 것은 신성통상이 비약적으로 발전하는 데 아주 중요한 돌파구가 되었다고 생각합니다.

미얀마에 대한 신성통상의 투자는 급속한 발전으로 이어졌다. 첫해 18만 장에 불과했던 생산량은 6년 만에 2,500만 장으로 늘었으며, 매년 공장을 확충해나고 있다. 신성통상이 예상한 것보다 미얀마 직원들은 훨씬 더 훌륭한 봉제 기술을 갖고 있었으며 교육을 습득하는 속도도 굉장히 빨랐다. 품질은 옷 생산에서 가장 중요한 요인 중 하나이기에 미얀마 노동자들의 손끝에서 만들어진 옷들은 소비자의 만족도를 높일 수 있었다.

신성통상은 앞으로도 미얀마에 지속적으로 생산설비를 늘릴 계획이다. 규제 완화, 새로운 해외투자를 활성화시키는 데 적극적인 미얀마 문민정부의 정책은 앞으로 외국인 투자환경이나 여건이 더 좋아지리라는 가능성을 보여준다. 이제 미얀마는 아세안 국가의 내수시장에 진출하려는 신성통상의 전략적 요충지가 되었다.

새롭게 떠오르는
신흥 통신 시장

전자통신 산업은 미얀마에서 아주 새로운 분야다. 2009년에만 해도 미얀마에서는 유선전화 보급률이 4%에 불과했다. 유선전화 보급률을 높이기 위해선 여타의 인프라가 필요한데 투자비용에 부담을 느낀 미얀마 정부는 앞으로 나아가질 못하고 있었다. 그런데 2008년, 국영기업인 미얀마 통신공사(MPT)에서 모두 진행했던 통신사업 중 일부를 민간업자에게 넘기기 시작했다. 민간사업자 참여를 유도하여 인터넷이나 전화 등의 통신보급률을 점차 확대시키기기 위해서였다. 그 결과, 2003년도에는 8,441대

▌휴대폰 4G 서비스 개통 기념행사. 미얀마의 통신 시장은 시장 개방과 함께 폭발적인 성장세를 보이고 있다.

에 불과했던 휴대폰이 2009년에는 10배에 가까운 9만 1,540대로 늘어났다. 이것은 세계 휴대폰 시장의 규모에 비해 매우 미비한 수준이었지만 미얀마는 여전히 발전 가능성이 높은 통신 시장을 갖고 있었다. 비록 인프라가 취약한 상태이기는 했지만 향후 경제 발전과 함께 통신 시장의 수요도 그만큼 높아질 것으로 예측되었기 때문이다. 그러다 마침내 통신 시장의 비약적인 발전이 이루어지는 계기가 마련된다.

2011년, 미얀마는 퇴역 군인 출신 테인 세인이 반쪽짜리 민주정부를 출범시켰다. 비록 군부의 연장선상에 있는 민주주의였지만 미얀마에는 대단히 중요한 전환점이었다. 테인 세인 정권은 경제개방 정책을 시행하기 시작했다. 이것에 힘입어 황무지와 다름없는 미얀마의 통신 시장도 빠른 속도로 발전하기 시작했다.

2011년 미얀마 통신부는 '3G 휴대폰 보급 5개년 계획'을 마련했는데 2012년까지 400만 대를 시작으로 2016년까지 5년간 총 3,000만 대를 보급하겠다는 것이었다. 휴대폰 이용자는 미얀마 정부가 계획했던 것보다 훨씬 빠르게 증가했다. 특히 2014년부터 급성장을 시작해 2016년 상반기에 이미 통신망 이용자가 당초 보급 목표보다 훨씬 많은 4,200만 명을 넘어섰다. 또한 2016년 8월에 실시한 4G 서비스는 폭발적인 반응을 얻으며 서비스 시작 80일 만에 50만 명 이상이 가입했다. 이미 미얀마에 진출한 삼성전자, 화웨이 같은 기업은 4G 스마트폰을 지속적으로 출시하고 있다. 곧 5,200만 명을 돌파할 것으로 예측되면서 통신망 이용자들을 대상으로 한 기업들의 경쟁도 날로 치열해지고 있다.

쁘윈뜨
통신기업 오레두 매니저

미얀마 내 휴대폰 사용자 수는 작년 대비 두 배로 증가했습니다. 이것은 미얀마가 빠르게 변화하고 있다는 것을 보여주죠. 아직 저개발 국가인 미얀마는 빠르게 발전하고 있습니다. 그렇기 때문에 많은 투자자들이 현재 미얀마로 모이고 있습니다.

현재 미얀마에는 MPT, 카타르의 오레두(Ooredoo), 노르웨이의 텔레노르(Telenor)라는 세 통신사가 고객을 선점하기 위해 다양한 프로모션을 적극적으로 활용하고 있다. 통신사 간 경쟁이 있기 전까지 미얀마 통신 산업은 MPT가 독점해왔다. 경쟁이 없는 시장에서 통신비는 매우 높은 가격이어서 일반인들이 이용하기는 어려운 실정이었다. 1993년에 처음으로 도입된 유심 칩 가격은 1,500달러(165만 원)였으며, 2011년까지만 해도 미얀마 평균 임금의 2~3배에 달하는 200~500달러(22만~55만 원)였다. 하지만 미얀마 정부의 '3G 휴대폰 보급 5개년 계획' 이후로 휴대폰 사용자가 늘면서 유심칩 가격이 획기적으로 줄어 1.5달러(1,650원)에도 살 수 있게 되었다.

미얀마의 통신 시장이 이렇게 빠르게 성장하자 이와 관련한 산업의 성장 가능성도 커졌다. 스마트폰 액세서리와 네트워크 연결장치 등은 물론이고, 온라인 쇼핑몰, 금융, 모바일 플랫폼 같은 온라인 산업이 발전하면서 이용자도 늘고 있는 추세다. 이것은 통신 관련 산업에 진출하려는 기업에게 미얀마가 기회의 땅이 될 수 있음을 뜻한다.

국가가 연결되며
시작된 경제 발전

우정의 다리가 만들어낸
시너지 효과

라오스의 수도 비엔티안을 가로지르는 메콩 강변은 오염과 범람으로 인해 큰 골칫거리였다. 그런데 강변을 중심으로 공원이 생기고 강변을 따라 시장도 형성되면서 메콩 강변은 수도 비엔티안의 명소가 되었다. 이곳에 살던 주민들은 더 좋은 삶을 누리게 되었을 뿐 아니라 때만 되면 일어나는 홍수 걱정에서도 벗어날 수 있게 되었다. 이것을 가능하게 한 것은 한국이다. 한국 정부는 라오스 정부의 요청으로 메콩 강변을 정비했다. 12km에 이르는 강변에 제방을 쌓고, 도로를 만들고, 시내 안쪽으로는 공원을 조성한 것이다.

　메콩 강은 중국 티베트에서 발원해서 미얀마, 라오스, 태국, 캄보디아, 베트남을 거쳐 흐르는, 총 길이 4,000여km의 강이다. 메콩 강 유역에 사는 인구만 6,500만 명이다. 라오스의 절반을 관통하는 메콩 강은 고기를 잡아 생활하는 라오스 사람들에게 그야말로 어머니 같은 강이다. 라오스 북쪽 국경도시 훼이싸이의 주민들은 전통적으로 메콩 강에 기대며 살아왔다. 태국과 국경을 마주하고 있어 옛날 방식의 국경무역도 이루어지고 있다. 태국과 라오스 간의 국경무역은 주로 물자가 부족한 라오스 사람들이 태국 생필품을 사오는 방식으로 이뤄진다.

　라오스와 태국을 가르는 메콩 강에는 두 나라를 잇는 4개의 '우정의 다리'가 건설되어 있다. 제5, 제6의 우정의 다리도 건설될 예정이다. 아직은 태국의 도움 없이는 혼자 독자적으로 커가기가 쉽지 않은 상황이라 라오스는 경제적으로 태국에 많이 의존하고 있다. 그래서 두 나라 사이에 처음 다리를 놓을 때 '우정의 다리'라고 이름을 붙였고 그 이후에도 계속 새로 만드는 다리를 '제2 우정의 다리', '제3 우정의 다리' 이렇게 부르게 되었다.

　태국 치앙콩과 라오스 훼이싸이는 제4 우정의 다리로 연결된다. 이 다리는 중국 정부와 태국 정부가 반반씩 부담해 건설되었다. 이

제4 우정의 다리
이 우정의 다리는
태국 정부와 중국 정부의 지원을 받아 만들어졌습니다

▍라오스와 태국을 연결하는 우정의 다리는 현재 4개까지 건설되어 있다. 태국 치앙콩과 라오스
훼이싸이를 연결하는 제4 우정의 다리는 태국과 중국이 함께 건설했다.

다리가 중국과 태국은 물론이고 라오스에 미치는 시너지 효과는 대단하다. 중국은 이 다리를 통해 라오스에서 태국으로 가는 길이 쉬워졌다. 중국에서는 제4 우정의 다리 개통을 두고 남대문 혹은 실크로드가 연결됐다고 말하기도 한다. 이 다리를 통해 공산품, 농산품뿐만 아니라 엄청난 인적 교류가 이뤄질 수 있기 때문이다.

소헬칸
주 태국 파키스탄 대사

이 지역은 남아시아와 아세안 국가들을 연결하는 아주 중요한 지역이 될 것입니다. 앞으로 무역, 상업, 인적 교류를 하기 위해서 말이죠. 태국에서 시작해 동서남북으로 뻗어 가는 연결은 매우 필수적입니다. 따라서 이 다리는 태국뿐만 아니라 파키스탄처럼 태국과 가까운 거리에 있는 인접 국가들에게도 매우 중요합니다.

태국도 마찬가지다. 방콕에서 출발한 컨테이너 트럭들은 제4 우정의 다리 덕분에 라오스로 가는 경비와 시간을 단축할 수 있게 되었다. 화물차를 배에 실어 강을 건너야 했던 일 년 전의 상황과 비교한다면 더할 나위 없이 편리해진 것이다. 라오스는 우정의 다리로 인해 주변국과들과의 연결고리가 만들어진 셈이다.

제4의 우정의 다리를 통해 태국과 중국을 오가는 트럭의 수는 약 5만 대에 이른다. 늘어난 것은 단순히 교역량만이 아니다. 사업가들과 관광객의 증가로 지역경제도 살아났다. 그 예로, 국경출입국사무소 옆에는 대형 리조트도 들어섰다. 다리가 생기기 전에는 오지 중의 오지였지만 이젠 중국과 태국 사람들이 교류하는 관광 허브로 거듭나고 있는 것이다.

피터 브림블
아시아개발은행 미얀마 지부장

메콩 강 유역에 자리한 국가들 중 라오스는 유일한 내륙국가입니다 그래서 항구가 없죠. 따라서 라오스의 교통을 개발하기 위해서는 도로, 철도를 통한 연결과 메콩 강을 건널 수 있는 다리 건설이 매우 중요합니다. 이렇게 동남아시아 국가 간을 연결하는 것은 시너지 효과를 일으켜 동남아시아 전역의 성장 가능성을 높이고 있습니다.

물류 이동의
한계를 극복하다

라오스의 공업도시 사반나케트에

위치한 '사반-세노 경제특구'는 라오스에서 가장 대표적인 경제특구다. 사반-세노 경제특구의 총 면적은 70만 평이 넘는다. 이곳에 등록된 47개의 기업의 국적은 네덜란드, 캐나다, 일본, 태국, 라오스, 말레이시아, 한국 등이다. 비행기 부품을 제조하는 네덜란드 기업, 반도체를 만드는 캐나다 기업, 와이어를 제조하는 일본 기업 등은 이미 공장을 가동하고 있다.

사반-세노 경제특구는 제조업 중심으로 운영되며 투자를 원하는 기업은 세금 혜택을 받을 수 있다. 일반 특혜 관세제도를 비롯해 낮

사반나케트

▍도로가 연결되며 사반나케트는 새로운 생산거점으로 주목받고 있다.

은 소득세와 법인세, 긴 면세 기간 등은 라오스와 인접한 국가에서는 찾아볼 수 없는 혜택이다. 라오스 정부가 이처럼 획기적인 세금 혜택을 주는 이유는 내륙국가가 갖는 물류 이동의 한계 때문이다. 라오스는 그 한계를 세금 정책으로 보완하고자 한 것이다.

하지만 최근 내륙국가 라오스의 물류 이동은 이전보다 훨씬 용이해졌다. 아세안경제공동체의 출범으로 주변 국가와의 이동이 쉬워진 데다, 동서경제회랑 덕분에 교통도 편리해졌기 때문이다. 베트남과 태국의 가운데에 위치해 있는 사반나케트는 동서경제회랑을 이용하면 베트남 국경까지는 200km, 태국 국경까지는 5km만 가면 된다. 이제 라오스에서 일본이나 한국으로 가는 교역품은 베트남 항구를, 유럽이나 미국으로 가는 교역품은 태국 항구를 이용할 수 있게 된 것이다. 이전보다 용이해진 물류 이동으로 사반나케트의 기업들은 사업에 가속도가 붙고 있다.

또한 최근에는 모든 물류 관련 편의를 위해서 사반나케트에 내륙 컨테이너 기지가 생겼다. 그동안 이 지역은 제대로 된 물류센터가 없기 때문에 물류비용이 굉장히 비쌌는데 내륙 컨테이너 기지가 생겼기 때문에 사반나케트의 모든 기업들이 낮은 물류비용의 혜택을 볼 수 있다.

마커스 마흐
사반-세노 경제특구 매니저 인터뷰

라오스는 내륙 국가이지만 지금은 연결 국가라고 할 수 있습니다. 라오스는 항구를 갖고 있진 않지만, 주변 국가의 항구와 연결되어 있습니다. 동서경제회랑을 통해 베트남이나 태국의 항구를 쉽게 이용할 수 있습니다.

사반나케트에 자리를 잡은 한국 기업 '코라오(KOLAO)' 생산공장도 제2 우정의 다리 덕을 톡톡히 보고 있다. 주로 픽업트럭을 생산하는 이 공장은 현재 라오스에서 가장 큰 자동차 생산공장이다. 코라오는 대부분의 부품은 중국에서 수입하고 엔진, 미션, 타이어, 배터리 등 주요 부품들은 한국에서 수입해 조립한다. 1997년에 라오스에 진출한 코라오는 라오스 자동차 시장의 약 38%를 차지할 정도로 성장해왔다.

한승수
자동차 조립생산업체 코라오그룹 이사

사반나케트에서 공장을 시작하기로 결정한 데는 두 가지 큰 이유가 있

코라오 대한자동차 '생산공장

| '라오스의 현대'라고 불리는 코라오의 생산공장은 사반나케트에 있다.

습니다. 첫째, 국경에 제2의 우정의 다리가 생기면서 태국에서 물류 이동이 예전보다 훨씬 더 빨라졌기 때문이죠. 사반나케트가 태국, 라오스, 베트남을 잇는 물류의 중심지이자 남북으로는 중국, 미얀마, 캄보디아를 잇는 물류의 중심지가 되었으니까요. 둘째, 라오스 정부에서 공장 부지를 저가로 임대해주고 세금 혜택도 주기 때문입니다.

우정의 다리가 생기기 전에는 모든 부품들이 공장에 들어오기까지 3주에서 한 달이 걸렸다. 하지만 지금은 하루 또는 이틀로 물류 시간이 축소된 덕분에 생산까지 걸리는 시간이 줄어들었으며 판매도 빨라졌다. 제2 우정의 다리가 성장동력이 되면서 이 공장의 비전도 커졌다. 라오스 내수시장의 한계를 벗어나 이곳을 생산거점으로 삼아 다른 동남아 국가로 수출을 확장하여 수출 기업으로 거듭날 계획을 갖게 된 것이다. 수출 길이 열릴 경우, 수천 개의 일자리가 더 생길 가능성이 커진다. 이것은 곧 라오스와 주변 국가의 젊은이들에게 또 다른 기회가 될 수 있다.

한승수
자동차 조립 생산업체 코라오그룹 이사

라오스 시장만으로는 분명히 한계가 있다고 보고 미얀마, 캄보디아, 파키스탄 등의 국가들로 수출을 검토하고 있습니다. 특히 아세안이 출범하면서 국가 간의 장벽이 허물어졌기 때문에 이러한 부분들이 반조립 제품(CKD) 공장을 갖고 있는 코라오로서는 상당히 유리한 조건이라고 생각합니다.

몰려드는 외국 투자,
생산거점이 된 라오스

라오스의 경제활동 인구 중 약 70% 이상은 1차 산업인 농림축산업에 종사하고 있다. 농업에 종사하는 인구가 많지만 생산성은 굉장히 낮은 편이다. 또한 일부는 아직도 자급자족 단계에 머무르고 있을 정도로 낙후되어 있다. 농업 생산

동서경제회랑

미얀마
양곤
메솟
모울메인
비엔티안
사반나케트
다낭
태국
라오스
방콕
캄보디아
베트남

▌ 동서경제회랑은 내륙국가 라오스의 물류 이동을 훨씬 용이하게 만들었다.

성을 높이기 위해서는 관개 등 농업 인프라가 필요한데 라오스는 주변국에 비해 이러한 인프라가 많이 부족하다. 미얀마, 베트남, 태국 등과 인접해 있어도 도로가 닦여 있지 않은 데다 항구도 없어 교통과 물류 이동이 어려웠다. 이러한 이유들로, 인구 700만의 라오스는 인도차이나 반도의 오지로 남아 있었다.

내륙국이라는 한계, 20%밖에 되지 않는 도로 포장률, 철도망의 부재 등은 라오스의 제조업 발전을 저해해왔다. 제조업이 발전하기 위해서는 교통 인프라가 조성되어 물류 이동이 용이해야 한다. 또한 생산된 물건은 내수시장에서 판매되거나 해외로 수출되어야 한다. 하지만 라오스는 내수시장과 수출시장 둘 다 개발할 수 있는 상황이 아니었다. 게다가 인구가 적고 교육 수준이 낮아 제대로 된 인적자원을 확보하기도 어려웠다.

상황이 이렇다보니 외국계 기업들은 인도차이나 반도의 성장성에는 주목하면서도 라오스에 대한 투자는 망설여왔다. 그런데 제2, 제4의 우정의 다리가 만들어지고, 도로와 철도가 확대되는 등 교통 인프라가 좋아지면서 라오스에게도 위치적 이점이 생겼다. 이에 태국은 라오스 비엔티안의 타나렝 지역에 물류거점을 마련하기 위해 아낌없는 지원을 하고 있다. 타나렝은 중국 쿤밍으로부터 오는 철도가 지나는 교통 요지로서 아세안 내륙으로 뻗어갈 수 있는 길목이기 때문이다.

사반나케트에도 태국을 비롯한 많은 나라의 자본이 들어서기 시작했다. 사반나케트에서 베트남과의 국경지대인 라오바오를 잇는 9번 도로에는 물량을 실은 화물차가 끊이질 않고 있다. 라오스는 사반나케트의 활성화에 박차를 가하는 한편, 신차 생산과 자동차 제조사에 대한 세금 혜택을 지원하는 정책을 도입하기도 했다. 이러한 정책에 힘입어 한국 기업 코라오는 사반나케트에 현지 조립 생산공장을 건설할 수 있었던 것이다.

현재 라오스 정부가 계획하고 있는 경제특구 단지는 10개 이상이

지만 기업 유치가 가장 활발하게 이루어지고 있는 곳은 사반나케트
와 라오스 북쪽 보텐 단지, 골든트라이앵글(golden triangle) 단지 정도
다. 그 외에는 아직 외국인 제조업 투자가 뛰어들지 않아 정상적인
가동이 이루어지고 있지 않은 실정이다. 하지만 라오스 정부는 이들
단지의 상하수도, 전기, 통신 등 모든 기반 공사를 진행시켜 언제든
투자받을 수 있는 준비를 끝냈다.

마커스 마흐
사반-세노 경제특구 매니저

아세안의 출범으로 주변국 간 이동이 쉬워졌죠. 주변국 사람들이 일하
기 위해 국경을 넘기가 더 쉬워졌어요. 그래서 우리는 사바나케트 이
외의 주변 지역에서도 더 많은 노동력을 확보할 수 있게 되었습니다.
향후 10년 동안 이 지역은 모든 분야의 중심지로 자리 잡을 것이라고
봅니다. 특히 물류 분야가 그럴 것이고, 그다음으로는 제조업일 것입
니다.

라오스는 사회 간접자본 인프라가 확대되면서 앞으로 제조업 투
자가 더 많아질 것이라 기대한다. 특히 5~6년 후 철도망까지 갖춰지
면 그야말로 비약적인 성장을 이루어낼 수도 있다. 현재 라오스에는

철도망이 전혀 갖춰져 있지 않은 상황이지만 철도 인프라가 갖춰지면 오가는 시간을 획기적으로 단축시킬 수 있을 뿐 아니라, 관광 산업과 서비스 산업의 발전까지 꾀할 수 있다.

라오스 정부의 목표는 라오스를 동남아의 스위스로 만드는 것이다. 스위스는 라오스처럼 소국이면서 내륙국이지만 그 어느 나라보다 부유한 나라이기 때문이다. 현재 라오스는 주변 국가들과 메콩 강을 잇는 우정의 다리가 속속 연결되고 있으며, 인적 교류와 상품 교류가 활발하기 때문에 라오스의 사회적, 경제적 발전은 현재진행형이다. 이러한 발전을 바탕으로 동남아의 스위스를 꿈꾸는 라오스의 행보는 해외투자자들의 주목을 받고 있다.

라오스에 유입되는 중국 자본

메콩 강 무역의 중심지 '골든트라이앵글'은 라오스, 태국, 미얀마 세 나라가 강을 경계로 마주보고 있어 붙여진 이름이다. 원래 이곳은 마약 생산지로 악명을 떨쳤지만 최근 관광지로 개발되면서 180도 달라진 풍경을 만들어내고 있다. 라오스 정부는 이 지역을 관광 특별 지역으로 지정하기까지 했다. 육로를 따라 내려오는 중국 관광객들이 늘어나자 이들을 상대하는 차이

▌ 라오스, 태국, 미얀마가 마주보고 있는 골든트라이앵글은 메콩 강 무역의 중심지다.

나타운도 생겼다. 중국 자본이 대거 유입된 차이나타운에는 만여 명의 중국인들이 상주해 있다.

아시아의 최빈국이었던 라오스에 길이 열리자 외국인 투자가 몰려들기 시작했다. 비엔티안은 불과 2~3년 전만 하더라도 교통체증같은 건 없는 평화로운 마을이었다. 하지만 이제 출퇴근 시간의 교통정체는 일상이 되었고, 도시 곳곳에서는 공사 현장을 어렵지 않게 볼 수 있다. 비엔티안 내에 대규모 신도시를 건설 중이기 때문이다. 현재 비엔티안에는 고속철도를 포함한 쇼핑몰, 대형 호텔, 복합 쇼핑 단지 등의 개발 프로젝트들이 동시다발적으로 진행되고 있다. 20만 명이 거주할 수 있는 이 신도시 개발 프로젝트에 태국, 베트남, 말레이시아, 한국 등이 투자하고 있지만 가장 많은 투자를 하고 있는 나라는 중국이다. 때문에 "중국 사람들을 이주시키는 신도시 프로젝트"라는 말을 하기도 한다.

중국은 특히 인도차이나 반도를 동서와 남북으로 연결하기 위한 이 고속철도 프로젝트에 많은 자본을 투자하고 있는데 이 프로젝트의 중심에 라오스가 있다. 지난 2014년, 중국과 라오스는 양국 정상이 만나 쿤밍과 비엔티안을 잇는 고속철도 건설에 합의했다. 철도망이 전무한 라오스에 고속철도망이 갖추어지면 비엔티안에서 400km 떨어진 루앙프라방을 1~2시간 만에 갈 수도 있다. 차로는 8시간 이상 걸리는 거리다. 중국은 2020년까지 중국 쿤밍에서 비엔티안을 연결해 최종적으로는 말카라 해협이 있는 싱가포르까지 잇는 노선을 계획하고 있다.

중국이 라오스에 이렇게 투자를 하는 데는 분명한 이유가 있다. 동남아에 위치한 아세안 국가들은 중국에게 중요한 수출 시장이자 많은 투자 프로젝트를 진행할 수 있는 중요한 전략적 요충지 중 하나다. 더구나 아세안 국가들은 경제 발전에 박차를 가하고 있으며 앞으로도 지속가능한 성장을 할 것으로 예상된다. 중국의 입장에서는 태국, 말레이시아, 싱가포르, 캄보디아, 미얀마와 연결하기 위해 라오스를 경유할 수밖에 없다. 즉, 라오스는 중국이 인도차이나 반도에 진출하기에 아주 좋은 지정학적 위치에 있는 것이다. 중국은 바로 이

▋ 중국과 라오스는 쿤밍과 비엔티안을 1~2시간에 이동할 수 있는 고속철도 건설에 합의했다.

점에 주목했다. 또한 라오스 자체만으로도 시장성이 충분하다는 것도 중국이 라오스에 적극적으로 투자하는 이유다.

권오형
코트라(KOTRA) 비엔티안 무역관장

중국 입장에서는 태국, 말레이시아, 싱가포르, 캄보디아, 미얀마 등과 연결하기 위해서 라오스를 경유할 수밖에 없습니다. 라오스 입장에서 볼 때, 라오스 북부에서 비엔티안까지 불과 1~2시간 만에 고속철도를 통해 인력과 상품이 이동한다는 것은 정말 큰 사건입니다. 정치적, 경제적으로 굉장한 영향을 미치게 될 프로젝트라고 생각합니다.

중국인들이 라오스에서 높은 관심을 보이는 사업 중에는 바나나 사업이 있다. 라오스의 기후는 바나나 재배에 적당해 이미 포화 상태에 이른 중국의 바나나 사업을 대체할 수 있기 때문이다. 라오스에 대한 중국의 투자가 활발해지면서 중국인들은 3년 전만 해도 황무지였던 땅을 일구어 바나나를 재배하기 시작했다. 이미 대규모 농장만 다섯 곳으로 라오스에서 재배된 바나나는 전량 중국으로 보내진다. 이들이 이용하는 길은 중국으로부터 출발하여 라오스를 지나 태국까지 이어지는 아시안 하이웨이 3번 도로다. 이 도로를 건설한 것도 바로 중국이다. 중국 내륙에서 차를 타고 달리면 태국 국경까지 하루면 충분하다. 라오스 출입국 관리소를 통과할 때도 간단한 서류만 있으면 된다. 따라서 중국 제품이 라오스에 도착하는 데는 긴 시간이 걸리지 않는다.

경제회랑을 놓고 벌이는
일본과 중국의 주도권 경쟁

메콩 강은 세계에서 12번째로 긴 강이며 방대한 지류는 미얀마, 라오스, 태국, 캄보디아, 베트남 등의 나라들을 관통한다. 왕복 8,000km에 달하는 유역에는 농업과 어업이 성행하고 있으며 수력발전의 잠재성 또한 매우 높다. 동남아시아의 많은 나라들은 메콩 강 유역의 패권을 차지하고자 오래 전부터 갈등을 겪어왔다. 그런데 이제 메콩 강은 아시아 전체의 경제 발전을 이끌어낼 수 있는 곳으로 주목받고 있다.

2000년대 들어서서는 '메콩 강 경제권(GMS) 개발사업'의 하나로 경제회랑 구축사업이 진행되었다. 아시아개발은행은 메콩 강 유역 일대에 각종 산업단지, 국경무역소와 관광단지 등이 복합된 일종의 경제벨트를 2018년까지 완성할 계획이다. 이 계획 아래 경제회랑은 동서와 남부, 남북으로 연결된다. 동서경제회랑은 미얀마 남부의 항구도시 모울메인에서 시작해 태국 메솟, 라오스 사반나케트를 거쳐 베트남 다낭까지 이어진다. 남부경제회랑(Southern Economic Corridor)은 미얀마 남부의 다웨이에서 시작해 베트남 붕따우와 꾸이년으로 이어지며, 남북경제회랑은 중국 쿤밍에서 시작해 태국 방콕을 거쳐 태국 남부의 나라티왓으로 이어진다. 현재 메콩 지역을 파고드는 경제회랑은 이 3개의 회랑을 골격으로 하고 있으며, 6개의 회랑이 더 만들어지고 있다. 이들 회랑이 다 완성되면 동남아 곳곳은 도로나 철도를 통해 하나로 연결될 수 있다. 이는 유통망의 확보뿐 아니라 경제벨트 곳곳에 산업단지를 조성해 아세안 전체의 경제 발전을 이끌어낼 수 있는 효과를 낼 것이다. 이를 증명하듯 동서경제회랑과 남북

메콩 강 유역 경제회랑

남북경제회랑
동서경제회랑
남부경제회랑

┃ 메콩 강 경제권 개발사업의 하나로 경제회랑이 건설되고 있다.

경제회랑이 겹치는 라오스의 사반나케트에 이미 사반-세노 경제특구가 조성됐고, 중국 쿤밍과 미얀마 양곤을 잇는 만달레이에도 산업단지가 조성 중이다.

그런데 이 경제회랑의 건설을 주도하려는 나라 중에 일본이 있다. 일본은 '메콩 강 경제권 개발사업'을 진행하고 있는 아시아개발은행의 최대 주주다. 일본이 아시아개발은행에 과감한 투자를 아끼지 않은 이유는 메콩 강 경제권에 자연스럽게 진출해 일본의 영향력을 높이기 위해서다. 태국과 라오스의 국경 도시를 연결시킨 '우정의 다리'는 동서경제회랑 프로젝트의 일환인데, 이 우정의 다리에는 일본의 계산이 숨어 있다. 바로 메콩 강으로 끊어진 총 길이 1,450km의 동서경제회랑을 완성시킴으로써 일본 기업의 진출에 필요한 보급망을 확보하고자 하는 것이다. 태국에서 중국, 혹은 중국에서 태국까지 빠르고 안전하게 물자를 수송할 수 있게 되자 일본 기업들의 메콩 지역 진출은 더욱 활발해졌다. 한 예로, 라오스의 사반-세노 경제특구에는 도요타가 560만 달러(61억 6,000만 원)를 투자해 공장을 지었고, 니콘은 800만 달러(88억 원)를 들여 디지털 카메라 조립 공장을 건설 중이다. 이전까지 라오스는 인도차이나 반도 중심에 위치해 있지만 내륙국으로 물류 이동이 원활하지 않았다. 하지만 동서경제회랑의 건설로 인해 태국과 베트남이 연결되면서 라오스가 물류 허브의 중심지로 전환될 조짐을 보이자 일본이 발 빠르게 투자하고 있는 것이다.

중국 역시 경제회랑 건설에 뛰어들고 있는 실정이다. 중국은 남북경제회랑을 통해 동남아 지역으로의 교통망을 확보하고자 한다. 남북경제회랑은 3개의 소회랑으로 나누어진다. 쿤밍-창라이-방콕을 잇는 소회랑은 중국에서 라오스, 미얀마를 통과해 태국으로 향하는 길이다. 중앙 소회랑은 쿤밍-하노이-하이퐁을 연결하며, 동부 소회랑은 난닝에서 하노이로 연결된다.

　최근 한국 기업들 역시 경제회랑 진출에 뛰어들고 있다. 중국 의존도를 낮추고 수출시장을 다변화시켜야 하는 현실에서 경제회랑은 한국에게도 중요한 기회다. 특히 라오스는 일본과 마찬가지로 한국에게도 주목해야 할 국가다. 지역 내 자본, 인력, 상품 등의 이동이 자유로워지고 있는 라오스는 아세안으로 진출할 수 있는 주요 거점이면서 경제회랑 개발 계획 등으로 인해 향후 인프라 수요가 증대될 것으로 예상되는 국가이기 때문이다. 또한 베트남의 최저 임금이 지속적으로 상승세를 보이는 만큼 라오스는 새로운 생산기지로서 대체하기에 적당한 국가이기도 하다. 한국의 많은 기업들은 이를 위해 일본이 '우정의 다리'를 건설한 것처럼 한국 역시 기반시설 건설에 대한 활발한 투자가 선행되어야 한다고 말한다. 그래야 경제회랑의 완성과 함께 더욱 빠른 경제성장을 일구는 아세안 시장에서 한국 기업도 자리를 잡아나갈 수 있기 때문이다.

4부

넥스트 차이나의 꿈,
아세안

젊은 청년 노동력과 풍부한 자원은 아세안을 글로벌 생산거점, 그리고 미래시장으로 떠오르게 했다. 넥스트 차이나(Next China)로 급부상하고 있는 매혹적인 기회의 땅, 아세안의 역동성은 한국, 일본, 중국의 글로벌 기업과의 만남으로 끝없는 변화와 혁신을 낳고 있다. 동남아시아 10개국의 경제 연합체, 아세안의 각국을 면밀히 살펴봄으로써 그 놀라운 저력을 확인해보자.

01
글로벌 생산기지의
이동이 시작되다

중국을 떠나 베트남으로
옮겨오는 공장들

중국 관둥 성의 둥관은 10여 년 전 만 해도 전 세계의 제조업 공장이 모여 있던 곳이다. 둥관은 그 도시만이 가지는 특색이나 매력이 없고, 다양하게 휴식을 즐길 수 있는 문화적 인프라도 부족한 도시였다. 그런데 제조업 단지의 모습마저도 유지할 수 없을 정도로 둥관의 풍경은 을씨년스러워졌다. 폐업하는 공장들이 많아지면서 도시 곳곳에 빈 건물들이 생겨났기 때문이다. 2015년 한 해에만 폐업한 공장이 4,000개를 넘어섰고, 당시 지역

2015년 1월 마이크로소프트 중국 둥관 공장 폐쇄

▎한때 전 세계 제조업의 공장이 모여 있던 중국 둥관에는 글로벌 기업들의 철수로 빈 건물들이 많다.

경제의 상징이던 마이크로소프트도 철수를 결정했다. 마이크로소프트의 철수로 2,000명의 직원이 둥관을 떠났고, 근처 가게들은 타격을 입었다. 마이크로소프트를 비롯한 글로벌 기업들이 둥관을 떠난 이유는 임금 상승 때문이다. 10년 동안 인건비가 세 배 이상 오르자 세계의 공장으로 자리해온 중국이 경쟁력을 잃게 된 것이다.

베리 아이켄그린
미국 UC버클리 경제학과 교수

중국 기업들은 물론이고 중국에서 운영 중인 폭스콘(Foxconn) 같은 대만 기업들마저도 노동자들을 해고하고 로봇을 설치하고 있습니다. 인건비가 계속 오르고 있으니까요.

둥관을 떠난 기업들과 공장이 향한 곳은 베트남이다. 현재 세계에서 내로라하는 첨단기업들이 베트남으로 몰려들고 있다. 애플 제품의 조립을 전담한 폭스콘, 세계 최대의 반도체 기업 인텔, 중국 둥관에서 철수한 마이크로소프트도 베트남을 선택했다. 저임금의 풍부한 노동력, 베트남 정부의 적극적인 투자 유치 정책이 중국에 있는 기업과 공장들을 베트남으로 옮겨오게 만든 것이다.

로버트 마르크스
미국 휘티어대학교 역사학과 교수

저비용 생산은 대부분 임금에 의해 좌우됩니다. 자본은 원하는 어디든 갈 수 있어도 사람은 그렇게 못하죠. 인력 이동에는 제한이 있습니다. 그래서 자본은 저임금 노동자들이 있는 지역으로 향하는 경향이 있습니다.

최근에는 환태평양경제동반자협정(TPP, 미국, 일본, 호주, 싱가포르 등 아시아-태평양 지역 국가들의 자유무역협정)의 타결로 무역장벽이 완화되면서 투자대상으로서 베트남의 매력도는 더 높아졌다. 이 같은 이유로 2016년 베트남 경제는 세계경제성장률 2.9%보다 두 배 더 높은 6%대의 성장세를 보였다. 경제성장은 베트남인들의 삶도 변화시켰다.

사이공 강 하류에 위치한 베트남의 호찌민 항구에 글로벌 기업들의 생산기지가 늘어나면서 항만으로 향하는 도로는 주차장을 방불케 한다. 컨테이너 트럭 운전 12년 차인 호 비엣 바우는 물동량의 증가를 피부로 느낀다. 휴일도 반납할 정도로 바빠졌기 때문이다. 하지만 덕분에 그의 수입은 배 이상 늘었다. 수입 증가는 그에게 내 집 마련을 하게 해주었을 뿐 아니라 더 나은 삶을 꿈꾸게 하고 있다.

세계경제의 변방에서
글로벌 생산기지로

아세안은 중국을 대체할 수 있는 새로운 생산기지이자 가능성이 무궁무진한 세계시장이다. 각 아세안 국가들은 해외투자를 유치하기 위해 인프라 조성에 심혈을 기울이며 아세안의 물류를 거미줄처럼 연결시켰다. 이로 인해 베트남을 비롯한 아세안 지역은 세계경제에서 가장 역동적인 지역이 되었다. 이런 이유로 세계에서 내로라하는 기업들이 중국에서 아세안 국가로 투자처를 옮겨가고 있다. 아세안에서 제작하는 것이 중국에서 하는 것보다 비용 경쟁력이 있기 때문이다. 베트남 역시 이러한 점에서 투자처로서 상당히 좋은 환경이다. 여느 아세안 국가와 마찬가지로 저렴한 비용으로 제품을 생산할 수 있는 데다 해외기업들에게 세금과 토지

해외직접투자 유입 규모 (2014)

중국 1285억 달러

아세안 1328억 달러

출처 : 현대경제연구원

▌ 아세안으로 유입된 해외직접투자의 규모가 중국을 앞질렀다.

비용을 낮춰주고 있는 베트남 정부의 정책 덕분에 새로운 공단들이
계속 들어서고 있다. 지난 2014년 아세안 지역에 유입된 해외직접투
자 규모는 1,328억 달러(146조 800억 원)로, 같은 기간에 1,285억 달러
(141조 3,500억 원)가 유입된 중국을 앞질렀다.

머레이 히버트
미국 국제전략문제연구소(CSIS) 선임연구원

아세안 국가가 가진 경쟁력은 임금, 임대료, 일반 제조업 비용이 중국

보다 낮다는 것입니다. 사실 많은 중국 기업들도 현재 베트남이나 말레이시아 같은 국가에서 투자처를 찾고 있습니다.

베트남 북부에 있는 고즈넉하고 조용한 항구도시 하이퐁도 글로벌 생산기지로 변모하는 베트남의 모습을 잘 드러내는 곳 중 하나다. 한국 기업 LG전자는 2013년 이곳에 생산공장을 만들었다.

LG전자의 전자제품 생산거점은 원래 중국이었다. 하지만 중국의 인건비가 높아지자 새로운 지역을 모색하게 되었고, 최종적으로 베트남을 최적지로 선택했다. 일단 인건비 측면에서만 본다면 베트남보다 라오스나 캄보디아가 훨씬 저렴한 편이다. 하지만 교육 수준과 사회 기반 시설 같은 전반적 인프라를 따져봤을 때, 베트남이 여러 가지 부문에서 많은 이점을 가지고 있었다. 이 때문에 LG전자는 중국뿐 아니라 인도네시아 등에 흩어져 있는 생산공장 대부분을 하이퐁 공단으로 옮기기 시작했다. 또한 생산라인 투자를 베트남에 집중할 계획도 갖고 있다.

고명언
LG전자 베트남 생산법인장

결국에는 비용 문제죠. 중국의 인건비 상승률이 높다 보니까 중국을 대

▌폭스콘, 인텔, 마이크로소프트, LG전자, 삼성전자 같은 글로벌 기업들이 중국을 떠나 베트남으로 공장을 옮겨오고 있다.

체할 수 있는 곳이 어디냐는 측면에서 생산거점을 찾게 됐고, 베트남이 그 최적지로 선정됐습니다.

LG전자가 이처럼 베트남에 집중적으로 투자를 하는 것은 베트남이 아시아 생산기지로서 무한한 가능성을 갖고 있기 때문이다. 우선 베트남은 환태평양경제동반자협정에 가입되어 있어 모든 품목의 관세를 철폐하였기에 수출이 유리하다. 현재 베트남 공장에서 생산하는 LG전자 제품의 약 70% 정도는 하이퐁 항구를 이용해 다른 나라로 수출된다.

LG전자를 포함해 베트남에 진출한 한국 기업은 4,000여 개에 이른다. 이들의 베트남 진출은 인구 9,500만 명, 평균 연령이 28살인 베트남의 풍부한 노동력과도 무관하지 않다. 한국 기업들의 초창기 투자는 섬유, 봉제, 신발 등 주로 노동집약적 분야로 이루어졌었다. 이후로 철강, 건설, 가전, 자원 개발 등 다양한 분야로 진출하고 있지만 베트남은 여전히 젊은 노동력을 필요로 하는 제조 기업들의 전략적 기지로 최적의 조건을 가진 나라다. 생산가능 인구가 지속적으로 증가하고 있는 데다 해외기업의 투자 유치를 이끌어내는 베트남 정부의 개방 정책은 한국 기업들뿐 아니라 세계의 많은 기업들에게도 매우 매력적인 요인으로 작용하고 있는 것이다.

살아나는
지역경제

베트남 정부는 농촌 지역이었던 박닌 성에 약 2,000만 평 규모로 산업단지 16개를 형성하기로 결정했다. 현재까지 9개의 산업단지에 970개의 기업들이 허가 신청을 냈고, 이 중 630여 개의 기업이 생산활동을 벌이고 있다. 베트남 정부는 박닌 성에 외국 투자자본을 유치하기 위해 관련 서류 절차를 간편화했고, 모든 행정 업무를 한 기관에서 할 수 있도록 만들었다. 또한 기업들의 불편 사항을 바로 해결할 수 있도록 소통의 창구를 늘 열어두고 있다. 그 결과, 박닌 성에 투자하고 있는 해외기업은 600개가 넘으며, 유치한 투자금의 3분의 2가 외국 자본일 정도로 많은 해외투자를 이끌어내는 데 성공했다. 삼성전자도 중국을 대신할 글로벌 생산기지로서 베트남을 선택, 2008년부터 지난 10년 동안 총 173억 달러(19조 300억 원)를 투자했다. 2017년 2월에는 모바일용 디스플레이 패널 공장을 증설하기 위해 25억 달러(2조 7,500억 원) 규모의 투자를 추가하기로 결정했다.

▌삼성전자 공장이 들어온 후 가난했던 농촌 마을에 새로운 주택가가 계속 건설되고 신도시가 들어섰다.

박닌 성 공업단지 관리부

박닌 성의 공업단지는 16개고, 총면적은 6,800헥타르(2,057만 평)입니다. 현재는 1,800헥타르(545만 평)만 채운 상태인데, 2030년까지 공업단지 전체를 다 채울 예정입니다. 우리는 큰 기업을 유치하려고 합니다. 삼성 외에도 한국, 유럽, 미국, 일본 등의 기업을 겨냥하고 있습니다. 적극적인 투자 유치로 박닌 성은 베트남에서 해외투자 유치가 가장 많은 성 중 하나로 평가받고 있습니다.

박닌 성이 본격적으로 공업단지가 된 것은 2015년이다. 하지만 베트남 정부는 1998년에 이미 박닌 관리위원회를 창설하고, 박닌 성을 공업단지로 만들기 위한 계획을 세웠다. 박닌 성은 하노이뿐 아니라 노이바이 국제공항과 카이란 항구와도 가까워 재화 운송에 아주 편리한 위치에 있어 외국 투자를 유치하고 공단을 세우기에 적당한 지역이었다. 삼성전자는 박닌 성이 본격적으로 공업단지로 조성되기 이전인 2009년에 생산기지를 베트남으로 옮겼다.

방현우
삼성전자 베트남 법인 대외업무 담당

제조업 경쟁력을 세계적 수준으로 유지하기 위해서 베트남으로 공장을 옮기게 됐어요. 2015년 기준으로, 베트남의 삼성전자 휴대폰 사업장에서 수출한 총액이 베트남 전체 수출액의 20% 정도 차지한다고 보시면 됩니다.

삼성전자 베트남 법인은 직원 수만 11만 명이며 삼성전자의 협력업체만 300개가 넘는다. 협력업체까지 포함하면 삼성전자가 들어오면서 이 지역에서만 20여 만 개 이상의 일자리가 창출된 셈이다. 보통 일주일에 한 번 생산직 직원들을 뽑기 위한 채용공고를 내는데 매번 100명 이상이 몰린다. 대부분 농촌에서 일자리를 찾아온 청년들이다. 수습 2개월을 거치면 정규직으로 채용돼 안정된 생활이 가능해진다. 또 이들은 삼성전자가 운영하는 3년제 전문대학교를 다닐 수도 있다. 한국어, 회계, 전기전자 등의 과정이 개설되어 있다. 농촌 출신의 응이엔 티 엔은 기숙사 생활을 하며 퇴근 후에는 한국어 수업을 듣는다. 입사 3년 차인 그녀는 나중에 한국으로 유학을 가서 호텔관리학과 공부를 한 후 베트남으로 돌아와 관련 업무를 하는 꿈을 꾸고 있다.

┃ 삼성전자 베트남 법인 대졸자 공채 시험장.

    농촌 지역이던 박닌 성에는 신도시가 들어섰고, 인구가 늘면서 활기가 넘친다. 이처럼 지역경제가 살아나면서 박닌 성은 중앙으로 예산을 보내는 유일한 성으로 발전했다. 베트남은 총 63개의 성이 있지만, 박닌 성 외에 중앙으로 예산을 보낼 수 있는 성은 없다. 앞으로 박닌 성은 베트남 북부에서 가장 발전하는 도시 중 하나가 될 것이다.

이안 콕스헤드
미국 위스콘신대학교 경제학과 교수

    동북아시아 국가들은 기술, 자본, 지식 집약적 산업에 집중하고 있고, 또 그 분야에서 잘하고 있습니다. 낮은 인건비를 필요로 하는 산업들은 이제 동남아시아로 이동하려고 합니다. 동남아시아 입장에서는 일자리가 창출되니 좋죠. 이것은 동남아시아에 공장이 들어설 기회를 제공합니다.
또한 품질 면이나 국제적 분업 면에도 좋은 영향을 주고 있습니다.

전용욱
세종대학교 경영전문대학원 석좌교수

우리는 중국을 대신할 '넥스트 차이나'를 찾아야 합니다. '넥스트 차이나'로서는 아세안 시장이 우리 입장에서 볼 때 생산거점 측면에서나 시장 측면에서 바람직하다고 생각합니다. 문제는 여기에 얼마나 적절히 빨리 들어가느냐가 중요합니다.

아시아를 넘어
글로벌 시장으로

베트남은 동남아 최대의 커피 생산국으로 이른바 '커피벨트(Coffee Belt)'에 속해 있다. 커피벨트는 커피나무를 재배할 수 있는 위도 범위 안에 있는 지역이 띠 모양으로 형성되어 있어 붙여진 말이다. 커피나무는 기후와 토양의 영향을 많이 받는데 베트남은 최적의 커피 재배 환경을 갖추고 있다. 베트남에서 주로 생산되는 커피는 '로부스타(Robusta)'다. 로부스타는 채산성이 높지 않아 동남아 일부에서만 생산되고 있다. 이 중에서도 베트남의 로부스타는 세계적으로도 품질을 인정받고 있어 유럽과 미국 시장에서 많은 관심을 받는다. 로부스타는 인스턴트커피에 주로 사용되는 품종인데 세계 유통량의 3분의 1이 베트남산이다. 현재 베트남은 브라질에 이어 세계 커피 수출 2위국으로 위상을 떨치고 있으며한 해 수출 양은 150만 톤 이상이다.

커피가 베트남에 들어온 것은 베트남이 19세기에 프랑스 식민지로 편입되면서부터다. 이후로 커피는 베트남인들의 삶 속에 깊이 자리 잡았고, 베트남은 아세안 국가 중 커피 소비가 가장 많은 나라가되었다. 최근에는 경제 발전과 함께 높아진 커피 수준으로 커피 시장이 더 커졌고 다양해졌다.

베트남에서 커피 수출 1위를 달리고 있는 기업은 '인티멕스(Intimex)'다. 인티멕스는 1988년 하노이에서 설립된 국영기업이다. 1989년에는 다낭, 1995년에는 호찌민에 인티멕스를 설립하며 정부차원에서 커피 산업을 키워왔다. 하지만 2006년 '도이모이 정책(Doi Moi policy, 베트남의 개혁개방 정책)'의 일환으로 민영화가 되었다.

'도이모이'는 베트남어로 '쇄신'이라는 뜻을 지닌다. 1986년 베트남 공산당이 제시한 슬로건으로 사회주의 기반의 시장경제의 목표를 달성하고자 주창한 것이다. 도이모이 정책은 베트남이 시장경제로의 전환을 선언하며 개인의 능력에 대한 분명한 보상을 정책적으

인티멕스 공장 베트남 빈증 성

┃ 베트남은 세계 2위의 커피 수출 국가다. 인티멕스는 수출에 눈을 돌려 베트남 원두 수출 1위
기업이 되었다.

로 시행하는 것이다. 세계화 물결 속에서 베트남도 외국 기업과의 경쟁에서 자유로울 수 없다. 특히 다른 나라의 사업체를 설립, 인수하여 궁극적으로는 직접 경영에 참가하고자 하는 외국인직접투자(FDI)와의 경쟁이 심해지자 베트남의 기업들은 어려움을 겪게 되었다. 인티멕스의 민영화는 바로 베트남 기업들의 경쟁력을 갖추기 위한 베트남 정부의 전략 중 하나가 된다. 인티멕스 외에도 많은 국영기업들이 민영기업으로 바뀌었다.

국영기업의 민영화는 베트남 시장에 지대한 영향을 미쳤다. 정부 산하기관으로 있을 땐 정부의 지시에 따라 움직여야 하기 때문에 경영 활동이 자유롭지 못했을 뿐 아니라 시장의 움직임을 빠르게 쫓지 못하고 지체되는 경우가 많았다. 하지만 민영화로 인해 기업은 능동적으로 움직일 수 있게 되었고, 시장 수요에 맞는 방향을 선택하거나 조건을 충족시키며 발전 가능성을 높일 수 있게 된 것이다.

인티멕스는 민영화 이후에 매년 20~50%의 성장률을 보이고 있다. 국영기업이던 2006년과 비교했을 때 10년 만에 매출액은 30배, 수출액은 10배 정도 증가했다. 인티멕스의 도하남 회장은 이와 같은 성과를 낼 수 있었던 가장 큰 이유를 국가 통제에서 벗어나 적극적으로 해외시장을 개척할 수 있는 민영화 덕분으로 보고 있다.

도하남
베트남 커피 기업 인티멕스 회장

민영화 이전엔 회사를 발전시키고 싶어도 정부에 속하기 때문에 기회가 제한되었습니다. 하지만 민영화 이후 회사에 대한 저와 직원들이 결정권을 가지게 되었고, 저희는 커피를 수출하는 쪽으로 회사의 방향을 정하고 기회를 잡았습니다. 수출을 강화하는 한편 커피 생산 및 가공 공장에 투자했습니다. 또한 저희는 판매자와 구매자의 안정적인 시스템을 구축했습니다. 바로 이 점이 저희 회사가 다른 커피 회사들보다 빠르게 성공할 수 있었던 이유라고 판단합니다.

02
세계 물류의
새로운 거점으로

풍부한 천연자원의 보고,
말라카 해협

말리카 해협은 말레이시아와 인도네시아 사이의 좁은 바닷길로, 500년 전부터 아세안을 차지하려는 서구열강의 각축이 벌어졌던 지역이자 15세기 해상 실크로드의 중심이었다. 14세기에 수마트라 섬 출신인 파라메스바라 왕자는 항구도시 말라카를 중심으로 이슬람 왕국을 건설했다. 당시, 지리적 조건 때문에 말라카는 동서양의 무역 요충지로 번창했다. 그런데 1511년, 포르투갈이 말라카를 아시아 최초의 식민지로 만들어버린다.

베트남

말라카 해협

브루나이

말레이시아

인도네시아

싱가포르

┃ 말라카 해협은 오랜 세월 동안 서구 열강들이 동남아시아의 풍부한 자원 확보를 위해 탐낸 무
역 요충지였다.

포르투갈은 말라카를 지배함으로써 동서양 간의 무역과 열대 지
방에서만 재배할 수 있는 향신료의 통제권을 획득해왔다. 포르투갈
의 지배는 130년 가까이 이루어졌다. 하지만 이후에도 말라카는 자
원에 눈독 들인 서구열강의 식민지에서 벗어나지 못했다. 1641년부
터는 네덜란드의 식민지였다가 1824년 영국-네덜란드 조약으로 영
국의 식민지로 있게 된다. 영국이 말라카를 갖고, 대신 영국은 네덜
란드에게 후추 생산지로 유명한 인도네시아의 붕쿨루를 주기로 한
것이다. 영국은 산업혁명 기간 동안 말라카의 원자재들을 전부 독점

하며 1946년까지 동인도 회사를 내세워 말라카를 통치해왔다. 이후 영국에서 독립한 말라카는 말레이시아에 속하게 된다.

지난한 역사를 거쳐 왔던 항구도시 말라카는 여전히 풍부한 천연 자원의 보고다. 천연고무를 비롯해 티크나무, 팜유, 주석, 원유 등의 자원이 있다.

로버트 마르크스
미국 휘티어대학교 역사학과 교수

포르투갈이 말라카를 식민지화한 것은 자원들, 특히 열대 지방에서만 재배할 수 있는 향신료들에 대한 통제권을 획득하려 한 최초의 시도였 습니다. 뿐만 아니라 산업혁명이 진행되면서 동남아시아에서 나오는 몇 가지 원자재가 대단히 중요해졌습니다.

말라카 해협은 교통량이 가장 많은 선박 항로 중 하나며 인도와 중 국 사이를 이어주는 중요한 길이다. 포르투갈과 영국, 네덜란드, 프 랑스의 범선들이 인도양에서 남중국해로 가기 위해선 반드시 말라 카 해협을 통과해야 한다. 또한 미국의 동쪽 해안과 남아메리카의 동 쪽 해안도 이 해협을 사용하고 있다. 중동의 유전과 동아시아의 여러 항구 사이를 항해하는 유조선들 역시 말라카 해협을 통로로 삼고 있다. 현재 말라카 해협은 전 세계 선박의 50%가 넘게 오가는 곳이다. 아시아 국가들뿐 아니라 전 세계 국가들의 경제 활력을 위해서 말라카 해협은 절대적으로 필요한 지역인 것이다.

자원을 기반으로
성장하는 물류 산업

말라카 해협에 위치한 포트클랑은 말레이시아 제1의 항구다. 이곳은 1963년에 설립된 포트클랑항만공사가 관리하고 있다. 처음에는 국영기업으로 출발했지만 지금은 정부 지원이 없는 완전한 민영기업이다.

현재 포트클랑을 주로 이용하는 국가는 중국, 한국, 일본과 동남아시아권 국가들이다. 이곳에 들어온 화물의 대부분은 극동 지역으로 운송된다. 포트클랑은 수심이 깊어 대형 선박이 들어올 수 있는 장점이 있다. 시설 측면에서도 다른 동남아시아의 항만에 비해 매우 뛰어나다. 말라카 해협의 위치적 중요성, 1년 365일 가능한 대형 선박의 수용 능력은 포트클랑의 발전을 이끌었고, 새로운 성장동력으로 떠오른 아세안은 포트클랑의 발전에 박차를 가했다. 덕분에 세계 30대 항만의 물동량 증가율이 0.6%로 제자리걸음을 걷는 동안 포트클랑의 물동량은 8.8%나 증가했다. 동남아시아 지역의 생산과 소

┃ 새로운 허브항으로 거듭나고 있는 말레이시아 제1의 항구 포트클랑. 다른 항만에 비해 물동
량이 크게 증가하고 있다.

비가 폭발적으로 증가되면서 포트클랑은 새로운 허브 항구로 거듭
나고 있다.

루벤 에미르 나링엄
포트클랑 웨스트포트 대표

최근 눈에 띄는 모습은 동남아시아 혹은 아세안으로 들어오는 물량입
니다. 그 이유는 아세안 국가들이 엄청나게 성장하고 있기 때문이죠.
아직도 더 확장할 수 있는 공간이 남아 있기 때문에 우리 항구의 수용
능력을 1,600만 티이유(TEU, 20피트 컨테이너 박스 1개를 나타내는 단위)까지
늘리는 것이 목표입니다.

포트클랑의 발전은 세계의 많은 물류회사들의 관심을 끌었다. 특히 세계 220개국에서 서비스를 하는 글로벌 기업 DHL은 차세대 물류거점으로 지난 몇 년 사이 크게 발전한 포트클랑을 선택했다. 그리고 우리 돈 약 270억 원을 들여 '통합 배송센터'를 건립했다. 2014년 12월에 문을 연 이 센터는 하루 평균 120개에서 150개의 컨테이너들이 들어오고 나가며, 포트클랑의 수용력을 100% 향상시키는 효과를 냈다.

DHL은 말레이시아에 대한 투자를 재정에만 한정하고 있지 않다. 그들이 가진 전문성과 지식을 전달함으로써 아시아-태평양 지역의 배송 서비스를 발전시키고자 한다. DHL이 궁극적으로 목표로 하는 것은 '세계의 공급망을 담당하는 기업'으로서 조직의 세계화를 확립하는 것이다. 포트클랑의 통합 배송센터는 세계적으로 효율적인 조

▎ 항만 물동량이 증가하자 글로벌 기업 DHL은 차세대 물류거점으로 포트클랑을 선택했다.

직을 만들기 위한 DHL의 아주 중요한 발판이다.

말레이시아의 부상과
한국 해운 산업

　　　　　　　　　　해운 산업은 경쟁이 치열한 업종 중 하나다. 같은 지역에서 같은 서비스로 승부하는 해운사들의 경쟁에 의해 운임이 하루에도 올랐다 내렸다를 반복한다. 하지만 운임 경쟁도 이제 무의미한 상황이다. 이미 운임이 떨어질 만큼 떨어졌기 때문이다. 또한 해운 산업은 그 나라의 상황, 세계경제의 흐름 등에 많은 영향을 받는다. 외부적 요인에 의한 문제는 내부에서 조율하여 해결할 수 있는 것이 아니기에 선사들은 많은 어려움을 겪고 있다.

　이러한 현실에서 한국 기업 흥아해운은 발 빠르게 말레이시아의 포트클랑으로 눈을 돌렸다. 포트클랑은 석유와 원자재 교역의 중요한 통로로, 반드시 통과해야 할 지점 중 하나인 데다 입지적으로 동서양의 중간 지역에 자리를 차지하고 있기 때문이다. 흥아해운이 말레이시아에 법인을 둔 1995년도에만 해도 아시아 시장은 전반적으로 발전과는 거리가 먼 상황이었다. 하지만 흥아해운은 아시아가 계속 성장해나갈 것이라 예측하고 다른 선사들보다 먼저 진출해 지속적인 투자를 해왔다. 중국의 경제성장으로 인해 말레이시아의 중국

원자재 수출이 많아지면서 흥아해운은 해운 산업의 불황 속에서도 호황을 누릴 수 있었다. 그런 한편, 시스템과 직원 개인의 역량, 고객 지원 서비스 등을 강화함으로써 글로벌 선사들과의 경쟁에서 앞서 나갈 수가 있었다.

그런데 최근 들어 중국의 성장 둔화로 경기가 위축되자 포트클랑의 성장도 덩달아 둔화되고 있다. 말레이시아에서 가장 많은 물동량이 진행되는 것은 '원자재 수출'인데, 최근 중국으로 수출하는 천연고무, 원목 등의 원자재 물량이 대폭 감소했기 때문이다. 그렇다고 포트클랑의 미래가 아주 어두운 것은 아니다. 말레이시아 정부는 포트클랑을 환적항(운송 중인 화물을 다른 선박이나 다른 운송수단으로 옮기는 작업이 이루어지는 항구)으로 키워나가고자 많은 노력을 기울이고 있으며, 선사들의 물량 유치를 위해 서비스의 질을 높이는 등 지금의 어려움을 이겨낼 수 있는 방법을 찾아나가고 있기 때문이다.

전성현
흥아해운 말레이시아 법인장

포트클랑항만공사는 포트클랑을 환적항으로 키우기 위해 말레이시아 정부와 협조 관계를 유지하고 있습니다. 이를테면, 싱가포르는 많은 환적화물을 핸들링하고 있는데 포트클랑은 조금 더 낮은 가격을 제시해 그 물량을 유치하려고 하죠. 또한 포트클랑은 대형 선사들의 물량을 유치하는 데도 공을 들이고 있습니다.

흥아해운 역시 고비용 용선(傭船, 해운사가 선주사에게 선박을 빌리는 것)의 조기 반납, 용선료의 단기 계약 등으로 리스크를 줄이거나 원유나 가스를 운반하는 유조선을 도입하는 등, 수익 구조를 기존의 컨테이너 위주에서 점점 넓혀 나가고 있다. 만일 세계의 불황 속에서 한국 경기만은 호황이라 해도 한국 선사에 특별히 이익이 되는 것은 아니다. 한국 기업들하고만 거래하는 것이 아니기 때문이다. 물론 한국 기업들은 한국 선사를 더 선호하는 경향이 없지는 않다. 가격 경쟁을 떠나 기업 문화가 크게 다르지 않은 데다 한국 기업이 원하는 것을 다른 외국 선사보다 빠르게 파악할 수 있어서다. 하지만 이것은 다른 국적의 선사들도 가지는 요건이다. 그들 역시 같은 이유로 동일한 국적의 기업을 유치하는 것이 더 유리하다. 중요한 문제는 세계시장에서 경쟁력 있는 조건을 갖추는 것이다. 따라서 글로벌 선사들과의 경쟁에서 앞서나가기 위해서는 시스템 및 직원의 역량, 고객지원 서비스 등을 강화해야만 한다.

03
해상 교통을 넘어
항공 교통의 허브로

동남아시아 지역의
항공 허브를 노린다

동남아시아의 중심에는 말레이 반도가 있다. 말레이 반도의 위로는 캄보디아가, 아래로는 싱가포르가 위치하며, 바다를 사이에 두고는 인도네시아가 있다. 이처럼 위치적 접근성이 좋아 말레이 반도는 오래전부터 해상 교통과 무역의 왕국으로 명성을 날렸다. 그리고 오늘날 이곳은 항공 교통의 허브로 거듭나고 있다.

말레이시아는 국적기인 말레이시아항공을 비롯해 에어아시아

(AirAsia), 말린도항공(Malindo Air) 등 총 8개의 항공사들의 활약으로 동남아시아 지역의 항공 산업을 선도하고 있다. 말레이시아의 항공 산업은 세계적인 경기침체 속에서도 꾸준히 성장하여 2016년에 127억 링깃(3조 4,290억 원) 규모를 기록했다. 이에 말레이시아 정부는 항공 산업을 12개 핵심 산업영역에 포함시키고, 산업화와 기술 발전 측면에서 성장 가능성이 가장 높은 부분으로 지정하여 정부 주도 하에 적극 육성할 계획이다.

말레이시아 정부는 2030년까지 말레이시아를 동남아 '항공우주 허브' 국가로 만들고, 항공 산업을 총 552억 링깃(14조 9,040억 원) 규모로 성장시키겠다는 목표로 '말레이시아 항공 산업 2030 청사진'

쿠알라룸푸르 공항

❙ 동남아시아 지역의 항공 허브로 거듭나고 있는 말레이시아 쿠알라룸푸르 공항.

프로그램을 가동 중이다. 2016년 한 해에만 9개 항공 관련 프로젝트에 16억 링깃(4,320억 원)을 투자했으며, 이를 통해 1,766명의 고용이 창출되기도 했다. 현재 말레이시아에는 200여 개의 항공 산업 관련 기업이 활동 중에 있으며, 관련 종사자들만 2만 1,000여 명에 이르는데, 앞으로 말레이시아 정부는 항공 산업의 성장을 통해 1,500개의 신규 고숙련 직업들을 창출할 계획이다.

동남아시아 지역에 산업이 육성되고, 경제성장이 빨라지면서 이 지역의 항공 이용이 크게 증가하고 있다. 최근 동남아 주요 5개국(인도네시아, 태국, 말레이시아, 싱가포르, 필리핀)의 항공 여행자 수가 10년 사이 두 배 이상 늘어나자, 동남아 지역 항공 허브의 역할을 하려는 각국 공항들의 경쟁이 치열해졌다. 이에 말레이시아는 항공 허브로 도약하기 위해 2014년 5월 쿠알라룸푸르 국제공항에 저비용항공사 전용 터미널을 열었다. 한해 4,500만 명이 이용할 수 있는 규모의 이 터미널은 저비용항공사 전용으로는 세계 최대 규모다.

44억 아시아인의 날개를 꿈꾸는 에어아시아

말레이시아가 항공 허브로 거듭나고 있는 데에는 저비용항공사로서 입지를 굳힌 항공업계의 '살아 있는 전설', 에어아시아의 역할이 컸다. 에어아시아는 현재 세계 90여 개 도시 150여 개 노선을 운항하며 한 해 6,000만 명을 실어 나르고 있다. 2011년에서 2016년까지 누적 승객 수만 2억 5,000만 명으로 저비용항공사로는 세계 최대 규모로 손꼽힌다. 또한 에어아시아는 동남아시아 국가를 중심으로 멀티 허브(Multi-Hub) 시스템을 구축함으로써 저비용항공사의 단점인 단순 네트워크를 극복했다. 이에 따라 이원 구간 활용도 저비용항공사 중에서는 최고라는 평가를 받고 있다.

현재 에어아시아는 1만 7,000명의 직원을 둔 글로벌 항공사로 성장했으며, 에어아시아말레이시아, 에어아시아태국, 에어아시아인도네시아, 에어아시아필리핀, 에어아시아재팬, 에어아시아엑스까지 7개의 항공사를 운영하고 있다. 그리고 중국의 국영 금융기업 에버브

▌세계 최대 규모의 저비용항공사 에어아시아는 세계 90여 개 도시 150여 개 노선을 운항하고 있다.

라이트(Everbright), 허난 성 주정부와 벤처 설립 양해각서를 체결하고 에어아시아차이나 설립을 추진 중에 있다.

에어아시아의 성공 전략은 두 가지 특징을 지닌다. 하나는 국내선으로 수요를 확보한 후 국제선으로 눈을 돌린 것이고, 다른 하나는 치밀한 네트워크 구축으로 해외시장에 공격적으로 진출한 것이다.

에어아시아의 CEO 토니 페르난데스는 2001년, 단 돈 25센트(약 300원)로 에어아시아를 인수했다. 당시 주변 사람들은 그가 말도 안 되는 짓을 한다고 생각했다. 당시 에어아시아가 짊어진 부채가 1,100만 달러(121억 원)에 달했기 때문이다. 게다가 대학을 졸업한 후에는 영국의 버진레코드와 미국의 워너뮤직에서 재무 담당으로 일하는 등 14년간 음반업계에서만 근무했기에 그의 선택은 누가 봐도 이해할 수 없는 일이었다. 하지만 그 결과는 놀라웠다. 그는 1년 만에 모든 부채를 청산하고 에어아시아를 9년 만에 아시아 최대 저비용항공사로 키워냈다. 2001년 항공사 인수 당시 단 2대에 불과했던 항공기 수는 15년 만에 180대로 늘어났다.

토니 페르난데스
에어아시아 CEO

단 25센트로 항공사를 인수했을 때만 해도 살아남는 것이 문제였습니다. 이렇게 성공할 것이라고는 생각도 못했죠. 그래서 저마저도 "이것이 진짜인가?"라고 할 때가 있습니다. 제 성공이 많은 젊은이들에게 동기부여가 되길 바랍니다.

토니 페르난데스가 '부실덩어리 항공사 인수'라는 무모한 도전을 한 건 그의 낭만적인 이상과 사업가로서의 계산이 더해진 결과다. 인수를 결정한 첫 번째 이유는 그가 늘 비행기를 좋아했다는 데 있다. 사람들이 하늘을 날게 할 수 있게 하는 비행기는 그에게 정말 기가 막힌 발명품이었다. 하지만 비싼 항공료로 인해 당시 말레이시아 사람들의 6%만이 비행기를 탈 수 있었다. 그는 많은 사람들이 이 훌륭

┃ 비행기 2대의 항공사였던 에어아시아는 2016년 저비용항공사 세계 순위에서 1위를 차지했다.

한 발명품을 이용하지 못하고 있다는 것이 안타까웠다. 에어아시아의 저비용 정책은 '모두가 비행기를 탈 수 있게 한다'는 그의 이상에서 비롯된 것이다.

인수를 결정한 두 번째 이유는 아시아가 항공사에게 최고의 시장이라고 생각했기 때문이다. 44억 인구의 아시아는 땅덩이가 클 뿐만 아니라 인구도 늘고 있고, 경제성장으로 중산층도 더 많아지고 있는 곳이다. 하지만 유럽처럼 기차를 타고 대륙 내 다른 나라를 이동할 수 없기에 비행기의 필요성과 수요가 증가할 수밖에 없다. 따라서 그는 아시아에서 항공 시장의 성장성이 아주 크며, 특히 동남아시아의 중심에 자리한 말레이시아는 항공사를 하기에 최적의 장소라고 판단했다.

토니 페르난데스는 에어아시아를 아시아인의 날개로 만들겠다는 목표로 '저렴한 항공료'를 핵심 전략으로 삼았다. 에어아시아의 항공료는 일반 항공사 요금의 50~60%에 불과하다. 에어아시아는 저비용이라는 가격 경쟁력을 차지하기 위해 불필요한 부분을 없애고, 대부분의 서비스를 유료로 제공하는 전략을 세웠다. 일반 항공사들이 기본요금에 식사나 화물비용 등의 서비스 비용을 포함시키는 것과는 달리, 에어아시아는 이러한 서비스 부분을 고객의 선택에 맡겼다. 비행기 내에서 식사를 하고 싶으면 음식에 따른 비용을 지불하면 되고, 여분의 짐을 항공기에 실어야 하면 짐의 무게에 맞는 비용을 지불하면 된다. 고객의 호주머니 사정에 따라 서비스를 선택할 수 있게 한 것이다. 다른 항공사에 비해 항공료가 저렴하다고 서비스 품질이 떨어지는 것은 아니다. 저렴한 항공료로도 얼마든지 질 좋은 서비스가 가능하다는 것을 에어아시아는 보여주었다. 덕분에 2016년도에는 스카이트랙스(Skytrax, 세계 최대 공항 및 항공사 서비스 평가 사이트)가 선정한 세계 최고의 저비용항공사 1위에 오르기까지 했다.

토니 페르난데스가 에어아시아를 인수할 때 했던 예상대로 아시아의 항공 시장은 팽창하고 있다. 2030년 아시아의 항공 여객 수가 48억 명으로 증가할 거라는 예상도 나오는 가운데 아시아는 세계 1위의 항공 시장이 될 전망이다.

스타트업과 같은 문화를 가진
거대 항공사

에어아시아의 창업자 토니 페르난데스는 편안한 티셔츠에 빨간색 야구 모자를 트레이드마크처럼 쓰고 다닌다. 이는 경직된 조직문화를 거부하는 토니 페르난데스의 생각을 보여주는 일종의 상징이다. 에어아시아는 거대 기업이지만 스타트업과 같은 문화를 가지고 있다. 토니 페르난데스는 CEO임에도 한 달에 두 차례 이상 수하물 운반, 승무원 업무를 직접 수행한다. 현장에서 직원들과 함께 발로 뛰어야 문제를 파악하고 효율성을 높일 수 있다는 게 그의 생각이다. 또한 에어아시아의 직원이라면 누구든 편안하게 좋은 아이디어를 낼 수 있어야 한다고 그는 말한다. CEO 부터 말단 직원까지 소통하는 열린 문화는 에어아시아의 가장 큰 장점 중 하나다. 에어아시아의 직원이라면 누구나 한 사무실에서 같은 기자재를 사용해 업무를 본다. 페르난데스도 예외는 아니다. 직원들이 그를 부를 때의 호칭은 '토니'다. 상하 관계를 확고히 다지기보다는 열린 공간에서 평등하게 소통할 수 있는 문화를 정착시킴으로써 아이디어의 다양성과 창의성을 이끌어내고 있는 것이다.

토니 페르난데스의 경영 철학에는 '아이디어의 혁신'이 있다. 그런데 이는 영국 버진그룹의 리처드 브랜슨 회장을 닮아 있다. 실제로 그의 첫 직장은 리처드 브랜슨 회장이 설립한 버진레코드였다. 그곳

▌ 경직된 조직 문화를 거부하는 토니 페르난데스는 미국 시사주간지 〈타임〉이 선정한 '2015년 가장 영향력 있는 인물 100인'에 이름을 올렸다.

에서 그는 '창조적 괴짜', '히피적 자본가', '상상의 마법사', '현실적 몽상가' 등의 별명을 가진 리처드 브랜슨의 경영 철학에 깊은 영향을 받았을 것이다.

토니 페르난데스의 경영 철학은 직원들에 대한 대우에서도 기존의 기업과는 차이를 보인다. 그는 직원들에게 항상 기회를 열어놓는다. 이를테면, 에어아시아에서는 승무원, 파견직 지원 등으로 입사했지만 파일럿이나 마케팅 직원이 된 사람들이 수천 명이나 된다. 이는 기존의 통상적인 인사제도를 답습하는 대신 직원의 잠재력을 개발하는 '열린 인사제도'를 운용함으로써 직원들이 더 능동적으로 움직일 수 있도록 동기부여를 한 결과다.

토니 페르난데스의 경영 철학의 중심에는 '사람'이 있다. 에어아시아에서는 무조건 고객들에게 서비스를 잘하라고 하지 않는다. 이것은 '직원이 행복해야 고객도 행복하다'는 그의 경영 방침과 관련이 있다. 그는 자신은 창업자로서 다만 항공사를 구입했을 뿐, 그것을 조종하고, 유지하고, 판매하는 일을 해낸 것은 직원들이라고 생각한다. 기계적으로 하는 서비스에 대한 교육은 몇 시간이면 충분하다. 하지만 에어아시아는 직원이 행복하지 않다면 고객을 감동시킬 수 있는 서비스가 나올 수 없다고 여기고 '직원 행복'을 고객보다 우선한다. 자유롭게 열려 있으며, 직원이 행복하게 다닐 수 있는 기업이 바로 에어아시아의 경영 철학이자 문화인 것이다.

사람이 브랜드입니다. 로고, 좌석 등급이 브랜드가 아니에요. 저는 사람들이 에어아시아의 문화를 이해하기 바랍니다. 저는 직원들이 에어아시아에서 행복하길 바랍니다. 사람들이 꿈을 가질 수 있다는 걸 알았으면 좋겠어요. 승무원으로 시작했더라도 파일럿이 될 수 있어요.

에어아시아의 직원들은 누구든지 누구에게나 자유롭게 문제를 제기할 수 있다. 문제 제기의 대상으로서 토니 페르난데스도 예외는 아니다. 그는 직원들에게 "틀렸다"는 말을 듣는 것을 당연시 여긴다. 문제가 있는데도 문제를 제기할 수 없는 분위기라면 그 기업은 성공할 수 없다고 믿기 때문이다. 이런 기업 문화로 인해 에어아시아는 아시아의 많은 젊은 인재들이 들어가고 싶은 기업 중 하나가 되어 있다. 실제로 에어아시아에는 말레이시아, 필리핀, 인도네시아, 인도, 일본, 한국, 이란, 호주 등 각국에서 모여든 젊은이들이 모여 있다. 그리고 이들은 에어아시아가 빠르게 성장할 수 있었던 동력으로 작용했다.

토니 페르난데스
에어아시아 CEO

누구나 항공사를 시작할 수 있습니다. 그것에 대한 책도 차고 넘칩니다. 다만, 성공한 항공사와 실패한 항공사의 차이는 사람입니다. 100% 사람입니다. 그래서 제게 가장 중요한 것은 사람입니다. 인적 자원은 항공만이 아니라 모든 산업에서도 제일 중요한 사업적 측면입니다.

04
자원이 가진
잠재력이 폭발한다

포스코가 생산거점을
자카르타로 정한 이유

아세안경제공동체는 아직 완전히 실행되지 않은 협정이다. 모든 국경이 개방된 것은 아니기에 단일시장 형성도 갈 길이 멀다. 그런데도 여전히 아세안이 매력적인 시장이자 글로벌 생산기지로 떠오르는 이유는 다른 대륙과는 비교가 되지 않을 정도로 젊은 인구의 비율이 높기 때문이다. 아세안의 6억 4,143만 명의 인구 중 15세에서 34세 사이의 젊은 인구가 전체 인구의 33.4%를 차지한다. 2억 명이 넘는 수치다. 또한 아세안은 연평균

▌ 아세안은 15세~34세의 젊은 인구가 차지하는 비율이 33.4%로 높다. 젊은 인구만 2억 명 이상
이다.

6% 이상의 경제성장률을 기록하며 세계에서 가장 잠재력이 큰 시장
으로 꼽힌다.

특히 35세 미만의 젊은 층이 전체 인구의 60%에 이르는 인도네시
아는 해외기업들에게 생산거점으로서 큰 호응을 얻고 있다. 인도네
시아는 네덜란드 식민지였다가 한국과 비슷한 시기에 독립한 국가
다. 현재 2억 5,831만 명이 살고 있는 이곳은 세계 5위의 인구 대국
이다. 인구의 89% 정도가 이슬람 종교를 믿고 있지만 다른 종교에
대한 존중도가 높아서 정책적으로 이슬람교뿐 아니라 불교, 기독교,
천주교 등의 종교 기념일을 아예 국경일로 정해놓고 있다. 덕분에 인
도네시아는 다른 국가들과 달리 종교 갈등이 덜해 화합이 잘 이루어

지는 편이다. 이것은 해외기업들이 안정적으로 공장을 유지할 수 있는 좋은 환경을 만든다. 글로벌 기업 포스코(POSCO)가 인도네시아에 생산거점을 정한 이유도 바로 이 때문이다. 많은 젊은 노동력과 안정된 사회 분위기는 장기적인 차원에서도 기업을 이끌어나가기에 유리하다.

포스코는 인도네시아에 동남아시아 최초로 일관제철소를 건설했다. 일관제철소는 제선, 제강, 압연의 세 공정을 모두 갖춘 제철소로 쇳물을 뽑는 것부터 철강제품 제조까지 모든 공정이 가능하다. 건설 기간만 30개월이 걸렸을 정도로 큰 규모의 제철소가 들어선 지역은 수도 자카르타에서 90여km 거리에 있는 찔레곤이다. 2013년 12월 23일에 있었던 준공식에는 인도네시아 대통령, 산업부 장관 등이 참여했을 정도로 인도네시아 정부에서 높은 관심을 보이기도 했다. 인도네시아 국영철강사 크라카타우스틸(Krakatau Steel)이 30%의 비율로 투자를 했기 때문에 찔레곤의 크라카타우포스코(PTKD) 일관제철소는 포스코와 크라카타우스틸의 합작법인으로 등록되어 있다. 또한 한국 중소기업 248개가 함께 참여함으로써 해외에서 대기업과 중소기업 간의 상생을 보여준 모범 사례로 거론되기도 했다.

철강제품은 무게 때문에 멀리 운송되기 어려운 제품이다. 그런데 최근 글로벌 기업들이 인도네시아에 많이 진출하면서 철강 소비가 급격히 상승했다. 특히 자동차, 조선 산업이 확대되면서 철강에 대한

┃ 크라카타우포스코는 인도네시아에 건설된 동남아시아 최초의 일관제철소다.

소비 수요가 지속적으로 커지고 있어 철강 시장은 전망이 밝다. 그리고 바로 이 점이 포스코가 인도네시아에 일관제철소를 세운 이유다.

민경준
크라카타우포스코 법인장

철강제품은 무겁기 때문에 멀리 운송될 수 없는 제품이어서 지역적으로 경쟁 구도가 형성됩니다. 동남아시아는 끊임없이 발전하고 있기 때문에 앞으로 눈을 돌려서 주력적으로 관리해야 할 시장이라고 생각합니다.

글로벌 기업들을 끌어들이는
천연자원

                    인도네시아, 태국, 말레이시아, 스리랑카, 싱가포르 등의 5개국은 1970년에 천연고무생산국연합(ANRPC)을 설립했다. 인도네시아의 천연고무 생산량은 2016년 한해만 약 310만 톤으로 태국 다음으로 세계에서 천연고무 생산량이 많은 국가다. 전 세계 천연고무와 합성고무의 70%는 타이어 생산에 쓰이고 있는데, 친환경 제품에 대한 높은 관심으로 인해 천연고무의 수요는 더 높아지고 있는 실정이다. 따라서 타이어 생산 기업에게 원료인 천연고무의 확보는 무엇보다 중요하다. 글로벌 기업들은 주요 생산지인 인도네시아나 태국 등으로 진출해 천연고무의 안정적인 수급을 확보하고자 한다.

이러한 이유로 인도네시아에는 이미 13개 타이어 업체가 들어가 있으며, 이들의 경쟁 구조는 상당히 치열하다. '한국타이어'도 이러한 기업 중 하나다. 한국타이어는 미국에만 8개의 공장을 갖고 있으며 현지화에 맞춘 마케팅 및 운영 전략으로 미국 내 판매량을 높여왔다. 또한 헝가리, 중국 등에 글로벌 생산기지를 두고 있으며 180여 개 국가에 수출하고 있다.

지난 2013년, 한국타이어는 천연고무의 안정적인 수급을 위해 인도네시아에 생산공장을 열었다. 인도네시아는 천연고무를 안정적으

| 천연고무의 안정적 수급을 위해 한국타이어는 인도네시아에 생산공장을 열었다.

로 확보할 수 있는 지역일 뿐 아니라 북미 지역, 중동 지역, 인도를 포함한 아세아 지역의 수출전진기지로서 전략적으로도 중요한 지역이기 때문이다. 한국타이어는 인도네시아 공장 건설에 총 3억 5,300만 달러(3,883억 원)를 투자하여 승용차용 타이어, 초고성능 타이어, 경트럭용 타이어 등을 연간 600만 개 생산할 수 있는 최신 제조 설비까지 갖췄다. 인도네시아 공장 건설은 한국타이어가 글로벌 타이어 회사로서 지속적으로 성장하는 데 있어 또 하나의 초석이 되고 있다.

현재 인도네시아에는 한국타이어 외에도 포스코, 삼성전자 등 많은 한국 기업들이 들어가 있다. 한국 기업들은 높은 기술력으로 고품질 제품을 생산하는 기업이라는 이미지가 있으며, 꾸준한 사회공헌

활동으로 사회적 평판도 좋다. 고용률이 높은 노동집약적 기업으로, 인도네시아의 고용 창출에도 힘을 보태고 있으며 주변 지역의 경제 성장에도 기여하고 있다. 덕분에 이들 기업에 취업하려는 이들이 많으며 입사 시험의 경쟁률도 몹시 높은 편이다.

김재희
한국타이어 인도네시아 공장장

지역적으로 인도네시아는 천연고무 원산지일 뿐더러 젊고 우수한 노동력이 많습니다. 아세안 지역을 수출 전진기지로 삼으려는 회사 전략과도 부합하고, 외국인 투자에 대한 인도네시아 정부의 지원책도 상당히 호의적입니다. 이것을 기회이자 성장의 발판으로 삼아 글로벌 기업들이 인도네시아로 진출한다고 생각합니다.

양질의 젊은 노동력이
한국 기업에 주는 기회

　　　　　　　　　　노동집약 산업은 저임금 국가를 찾아 철새처럼 떠돌 수밖에 없는 맹점을 가진다. 이전에는 중국이 노동집약 산업의 전진기지였지만 경제성장과 함께 임금이 높아지자 노동력을 많이 요하는 기업들에게 중국은 부담이 될 수밖에 없었다.

신발업체인 파크랜드월드와 봉제업체인 한세실업은 노동집약 산업으로 노동자들이 투입되어 일일이 손으로 만들어야 하는 일이 많다. 특히 신발 생산은 많은 공정 과정을 거치는 만큼 각 공정마다 인력이 필요하다. 파크랜드월드는 신발 공장으로서는 세계 최초로 자동화 설비까지 갖추었지만 아직 초기 단계다. 향후 신발 생산의 완전한 자동화가 이루어질 가능성이 높지만 아직은 노동력의 확보가 중요하다. 40년의 봉제 역사를 가진 인도네시아는 봉제 기술이 뛰어난 사람들이 많이 모여 있다. 많은 노동력을 확보할 수 있을 뿐 아니라 기술적인 측면에서도 인도네시아는 전략적으로 유리한 나라인 것이다.

신만기
파크랜드월드 인도네시아 법인 대표

인도네시아에는 젊은 층 인력이 상당히 많이 있기 때문에 특히 인력을 많이 요구하는 노동집약 산업의 경우, 인도네시아는 사업하기에 가장 적합한 나라입니다. 그리고 인도네시아 국민성 자체가 상당히 온순합니다.

파크랜드월드는 2005년 인도네시아에 공장을 설립해 그다음 해부터 생산을 시작했다. 10여 년이 넘은 지금 세랑 지역의 1, 2사업부에 만 2만 2,000명 정도의 인원이 근무하고 있고, 중부 자바 공장의 가동이 시작되면 2만 명 이상을 추가로 고용할 예정이다. 현재 파크랜드월드 인도네시아 공장에서 생산하여 수출하는 신발은 연간 3,200만 켤레다. 중부 자바 공장까지 합세하면 파크랜드월드는 직원 4만여 명 규모, 연간 생산량 5,600만 켤레의 글로벌 생산기지로 거듭나게 된다.

파크랜드월드가 인도네시아에 성공적으로 안착할 수 있었던 가장 큰 이유는 현지화 전략 때문이다. 기업이 해외에서 공장을 운영하게 되면 일정 정도 한계에 부딪히게 되어 있다. 파크랜드월드는 이를 극복하는 방법으로 현지화, 정착화를 우선했다. 먼저, 현지 문화와 현지 정책부터 숙지하고, 정부 정책에 의해 필요한 모든 보험에 가입함으로써 직원들이 그 혜택을 받도록 했다. 자체적으로 운영하는 병원에서는 직원들뿐 아니라 그 가족들까지 진료해주고, 공장 내 미니 슈퍼를 운영하여 공장에서 판매하는 생활용품을 모두 원가에 제공하는 등 직원들의 복지와 편의에 투자했다.

파크랜드월드와 같은 시기에 인도네시아로 진출한 한세실업은 현재 6개 공장을 운영하고 있으며 5,500명의 현지 근로자가 일하고 있다. 한세실업은 인도네시아 외에도 베트남에 염색공장을 두고 있다. 베트남은 지역적으로 인도네시아보다 중국과 가까워 지리적으로 이

크랜드 인도네시아공장
자카르타

▌ 파크랜드월드 인도네시아 공장. 풍부하고 질 높은 젊은 인력으로 인해 인도네시아는 매력적
인 글로벌 생산기지로 부상하고 있다.

점이 있으며, 생산성도 조금 더 좋은 편이다. 하지만 베트남 역시 임
금 속도가 가파르게 올라가고 있는 추세다.

　양질의 노동력은 해외기업들의 인도네시아 진출을 활성화시켰다.
그로 인해 인도네시아는 매력적인 글로벌 생산기지로 부상하고 있
다. 인도네시아 정부도 해외자본 유치를 위해 투자청을 별도 부서로
만드는 등 적극적인 정책을 펼치고 있다. 실제로 인도네시아 투자청
에 따르면 2013년에 270조 루피아(약 23조 원)이던 외국인 직접투자
는 2016년 397조 루피아(약 34조 원)로 증가했다.

지금처럼 꾸준히 노력하면서 설비를 자동화한다면 인건비가 상승하더라도 그에 걸맞은 생산성을 갖출 수 있으므로 굳이 우리 회사는 철새처럼 둥지(공장)를 계절에 맞춰 옮기지 않고 이곳 인도네시아에 뿌리 내릴 계획입니다.

스타트업 기업들의
혁신 기지가 된 발리

'신들의 낙원'으로 불리는 발리는 아시아의 대표적인 휴양지다. 그런데 최근 젊은이들 사이에서 발리를 부르는 또 다른 이름이 생겨났다. 바로 '실리콘 발리'다. 신생 스타트업 기업들이 몰려들면서 형성된 실리콘 발리는 미국의 실리콘밸리와 달리 아름다운 녹지 속에서 풍광을 즐길 수도 있다.

윈도우 플랫폼을 사용하는 사람들에게 이메일 서비스를 제공하는 회사인 '메일버드(Mailbird)'의 CEO 앤드리아 루비어도 도시보다 자연 풍광이 좋은 곳에서 더 독창이고 생산적으로 일할 수 있다는 생각에 발리를 선택했다. 발리는 이미 초고속 인터넷의 보급으로 IT 사업을 할 수 있는 환경이 활성화되었으며, 전 세계 각국의 재능 있는 사람들이 모여 있는 곳이기도 하다. 앤드리아 루비어가 IT 관련 스타트업 기업을 시작하기에는 부족함이 없는 환경이었다.

메일버드는 인터넷만 가능하면 어디에서든 작업이 가능한 회사라 장소에 구애받지 않는다. 직원들은 사무실을 벗어나 근처 카페에서 일을 하기도 한다. 또한 다른 나라에 사는 사람도 메일버드의 직원이 될 수 있다. 공간과 시간의 유연성은 직원들의 창의성을 발휘하는 데도 효과적이다.

앤드리아 루비어
IT 스타트업 메일버드 CEO

모든 기술의 허브인 샌프란시스코에서 창업을 하고 사무실을 차린다면 정말 많은 돈이 들 거예요. 이곳은 그보다 훨씬 저렴한 비용으로 각자 원하는 사업을 진행할 수 있는 그런 좋은 곳이죠. 발리에는 작은 커뮤니티들이 많이 조성되어 있습니다. 함께 일할 수 있는 공간이 발리 전역에 퍼져 있죠. 매우 영리한 사람들이 모여 있어서 서로에게 많은 것을 배울 수 있어요.

메일버드는 발리에 정착해 성공한 대표적인 IT 기업으로, 유명 IT

전문지에 소개되기도 했으며, 영국 BBC 방송은 실리콘 발리의 열풍을 전하기도 했다. 실리콘 발리의 이름이 드높아질수록 세계 각국의 많은 인재들이 몰려들었고, 실리콘 발리는 넓은 인재풀을 가지게 되었다.

과학교육과 가상현실 시뮬레이션을 접목한 에듀테크 회사인 '랩스터(labster)'도 본사는 덴마크에 있지만, 연구개발실을 통째로 발리로 옮겨왔다. 랩스터는 한 채의 집을 빌려 팀원 전체가 각자 원하는 사업을 진행할 수 있도록 했다. 이곳의 직원들은 저마다 다른 국적을 갖고 있다. 하지만 소통과 교류에는 문제가 없다. 오히려 다양한 문화를 가진 이들이 서로의 정보를 교환할 수 있기에 세계시장을 이해하는 데 큰 도움이 된다. 랩스터는 기존의 기업과 달리 조직 내 책임

리빗
스타트업 인큐베이터

▌발리에서 사업을 하는 신생 스타트업 기업들이 늘어나고 있다. 시간과 공간의 유연성, 저렴한 유지비용 등은 이들이 더 편히 일할 수 있게 한다.

자를 두지 않았다. 직원들 간에 매우 수평적인 관계를 유지하고, 개개인이 책임자가 되어 빠르게 일을 추진하는 방식을 이 회사는 선택했다. 이것이 직원의 창의성을 최대한 이끌어내는 미래의 업무 방식이자 혁신이라고 본 것이다.

이처럼 실리콘 발리의 주역은 젊은 IT 인재들이다. 이들이 발리를 찾는 이유는 크게 두 가지로 나뉜다. 하나는 실리콘 발리의 가장 큰 강점이라고 할 수 있는 저렴한 비용이다. 모든 기술의 허브인 미국의 실리콘밸리는 사무실 임대에만도 큰돈이 들며 그 외에 나가는 부대비용도 만만치 않다. 이에 비해 실리콘 발리는 주택, 생활비 등 모든 부분이 저렴해 창업 및 운영비용에 대한 부담을 줄일 수 있다. 자본 없이 시작하는 젊은 인재들에게 적은 비용은 실패에 대한 부담감을 줄여 좀 더 편안한 마음으로 일을 할 수 있게 해준다.

다른 하나는 아시아의 가능성이다. 아시아는 매우 빠르게 변화하고, 혁신하고 있어서 아시아에 대한 투자업체들의 관심도 매우 높아졌다. 이것은 곧 스타트업 기업들에 많은 기회를 제공하는 요소가 된다. 실제로 실리콘 발리의 젊은 기업들에 대한 투자는 늘어나는 추세에 있다.

마이클 보데커
IT 교육기업 랩스터 CEO

아시아에는 큰 잠재력이 있습니다. 여기에는 두 가지 주된 이유가 있는데요. 하나는 스타트업에 대한 투자 기회입니다. 아시아 지역의 스타트업에 대한 관심이 늘고 있어요. 이것은 두 번째 이유와 연관이 있죠. 두 번째 이유는 많은 아시아 국가들이 매우 빠르게 성장하고 있다는 겁니다. 그래서 많은 투자자들이 아시아에 큰 관심을 갖고 있습니다.

인도네시아 IT 스타트업을 향해 쏟아지는 투자

인도네시아 국민의 생활수준 향상과 IT 기술의 발전은 전자상거래 시장을 급격하게 성장시키고 있다. 경제활동 인구의 휴대폰 보급률은 85%에 달하고, 스마트폰 사용률은 43%에 달한다. 특히 모바일을 포함한 인터넷 사용자 수는 2016년에 이미 전체 인구 5분의 2에 해당하는 1억 명을 넘어섰으며, 온라인 유통시장은 250억 달러(27조 5,000억 원)에 이르렀다. 그리고 모바일을 중심으로 앞으로도 지속적인 성장세를 보일 것으로 예측된다. 이처럼 인도네시아의 모바일 시장이 커지자 해외기업들의 투자도 활발해졌다. 대표적인 예로 일본 기업 소프트뱅크벤처스(Softbank Ventures)는 2013년에 인도네시아의 오픈마켓 업계에서 시장점유율 1위를 차지한 토코페디아(Tokopedia)에 투자 유치를 결정했다. 온라인 전자상거래 업체인 토코페디아는 2009년 설립될 당시만 해도 매우 작은 규모였다. 하지만 현재 인도네시아 전역에 1만 5,000명에 이르는 온라인 판매자들을 보유하고 있으며 1,000만 개에 이르는 상품을 판매하는 기업으로 성장했다.

인도네시아는 1만 7,000여 개의 섬으로 이루어져 있어 온라인 거래를 하기에 결코 좋은 환경은 아니다. 도서국가라는 지역적 특징은 물류 상의 문제를 빈번히 일으켰다. 하지만 토코페디아는 전자상거래, 특히 오픈마켓이라는 비즈니스 모델을 해결책으로 내세우며 온라인 거래의 신뢰를 구축하는 데 많은 노력을 기울였다. 결제에서 배송까지의 모든 과정이 안전하게 이루어지면 온라인 소비자들의 신뢰를 얻는 것도 어렵지 않은 일이라 판단한 것이다. 이에 더해 인도네시아의 전자상거래 시장이 발전하자 토코페디아의 성장에도 가속이 붙기 시작했다.

윌리엄 타누위자야
온라인 전자상거래 업체 토코페디아 CEO

저희 토코페디아에서는 누구든지 물건을 살 수 있고, 누구든지 안전하게 거래할 수 있습니다. 비록 그들이 직접 만날 수는 없더라도 말이죠. 또한 저희는 인도네시아 전역에서 중소기업을 운영하고 있는 기업가들을 지원하는 사업도 하고 있습니다. 가정주부부터 시작해 사무직, 대학생 그리고 브랜드 오너까지 온라인에서 더욱 간편하게 그들의 물건을 팔고 온라인을 통해 그들의 비즈니스를 쉽게 키워나갈 수 있습니다. 저희 토코페디아는 온라인에서 저희만의 도시를 세운다는 이념을 갖고 일합니다.

현재 인도네시아 시장은 토코페디아를 비롯한 현지기업과 알리바바 같은 해외기업들이 경쟁을 벌이는 중이다. 특히 중국의 알리바바는 '동남아시아의 아마존'으로 불리는 전자상거래 업체 라자다(Lazada)를 10억 달러(1조 1,000억 원)을 들여 인수했는데, 이는 알리바바의 해외투자 중 최고 규모를 자랑한다. 그만큼 알리바바가 인도네시아 시장에 공을 들이고 있음을 의미한다.

한국 기업 SK플래닛도 인도네시아 2위 이동통신사인 XL악시아타와 합작 사업 계약을 체결하여 'XL플래닛'을 설립했다. XL플래닛은 인도네시아의 현지 상황에 맞는 온라인과 모바일 서비스를 구축하고 현지 이동통신사와 제휴해 모바일 쇼핑 시 데이터 통화료를 무료로 제공하는 등의 쇼핑 환경을 갖추어 나감으로써 론칭 1년 만에 시장 3위에 오르는 성과를 보이기도 했다. SK플래닛의 목표는 인도네시아 시장 1위를 점하는 것이다. 그리고 이를 위해 인도네시아에 대한 투자와 개발을 확대해나가고 있다. 이외에도 11번가, 예스24 등 많은 한국 기업들이 인도네시아 시장에 진출해 있는데 소규모로 시작한 한국 벤처기업 큐레이브드(Qraved)의 성장은 주목할 만하다.

큐레이브드가 처음 인도네시아에 온라인 예약 플랫폼을 만들었을 때만 해도 직원은 공동 창업자 3명이 전부였지만 창업 3년 만에 100명이 넘는 직원을 보유한 기업으로 성장했다. 큐레이브드는 인도네시아 시장에 진출한 이후 다양한 나라에서 투자를 받아왔다. 미국, 중국, 일본, 한국, 인도네시아, 에스토니아 등을 통해 받은 투자는 800만 달러(88억 원)에 이른다.

현재 인도네시아 IT 업계에는 큐레이브드뿐만 아니라 많은 기업들이 해외투자를 받고 있다. 인도네시아에 대한 해외투자 붐이 일고 있는 데다 인도네시아 정부 자체에서도 해외투자를 유치하는 데 많은 도움을 주고 있기 때문이다. 인도네시아 정부는 인도네시아 내 IT 기업들이 안정적으로 성장할 수 있도록 관련 인프라를 만드는 데 대한 투자를 아끼지 않는다. 최근엔 외국계 기업들에 한해 적용해왔던 전자상거래 규제를 완화해 자국 기업과 외국 기업을 가리지 않고 투자액 740만 달러(81억 4,000만 원)를 초과할 경우엔 1,000% 출자를 허용하기까지 했다. 이와 같은 정책은 인도네시아의 IT 산업을 더욱 활발하게 성장시키는 견인차 역할을 하고 있다.

김성훈
모바일 스타트업 큐레이브드 대표

인도네시아의 인터넷 사용자들은 대부분 모바일 중심으로 움직이고 있습니다. 그리고 소셜 미디어(SNS) 사용자들이 매우 많죠. 전 세계적으로 탑 3위나 4위가 될 정도로요. 현재 인도네시아에선 많은 사람들이 모바일 앱을 사용해 택시나 식당을 예약하죠. 그리고 이러한 속도는 굉장히 빠르게 진행되고 있습니다.

05

하나의 경제공동체로 거듭난 아세안

세계 최대
단일 시장의 탄생

1993년 11월 1일, 유럽 역사상 매우 중요한 연합이 탄생되었다. 유럽 국가 중 12개의 나라가 마스트리흐트 조약을 통해 창립된 유럽연합이 그것이다. 이후 16개국이 합류함으로써 유럽연합 회원국은 28개가 되었다. 유럽의 경제적 통합은 유럽인들에게 많은 변화를 가져다주었다. 회원국 국민들은 국경을 자연스럽게 넘나들며 여행이나 쇼핑을 즐길 수 있게 되었고, 국적에 구애받지 않고 일자리를 구하거나 노후에 자신이 원하는 나라에서도 살 수 있게 되었다.

이러한 경제공동체 연합은 남미의 12개국들이 2004년에 출범시킨 '남미국가공동체(CSN)'에서도 찾을 수 있다. 남미국가공동체는 남미 국가들 간의 자유로운 경제협력을 통해 시장 확대를 이루고, 유럽연합, 북미자유무역협정(NAFTA) 같은 세계경제 블록화에 대한 경쟁력을 갖추고자 형성된 것이다.

그리고 2008년 12월 15일, 세계는 또 하나의 거대한 시장을 가지게 되었다. 동남아시아의 경제공동체 '동남아시아국가연합'이 아세안 헌장을 발효시킨 것이다. 당시 리콴유 전 싱가포르 총리는 "아세안은 앞으로 유럽연합처럼 단일공동체로 통합하는 절차를 단계적으로 밟을 것"이라는 말로 경제공동체 아세안이 앞으로 가야 하는 길을 제시했다.

필립 코틀러
미국 노스웨스턴대학교 경영대학원 석좌교수

저는 아세안 국가들의 큰 변화의 기점이 그들의 잠재력뿐 아니라 다른 나라에서 오는 아이디어를 합칠 때 비로소 나올 수 있다고 생각합니다. 저는 아세안 국가들이 계속해서 성장할 것이라고 생각하고 글로벌 경쟁력도 이미 갖추었다고 봅니다.

아세안 10개국의 인구는 약 6억 4,143만 명이며 평균 연령은 30세로 상당히 젊다. 이것은 아세안이 젊고 풍부한 노동력을 많이 보유하고 있음을 말해준다. 또한 풍부한 천연자원과 경제개발 정책 등으로 아세안의 성장 가능성은 매우 높다. 현재 아세안경제공동체는 GDP 규모만 2조 5,551억 달러(약 2,810조 원)로 세계 7위 규모며, 2030년에는 세계 4대 경제권이 되는 것을 목표로 하고 있다. 앞으로 금융, 노동, 관세의 장벽을 완전히 철폐하고, 유럽경제공동체처럼 단일한 시장으로 자리 잡게 되면 아세안의 발전 속도는 지금보다 더 빨라질 것이다.

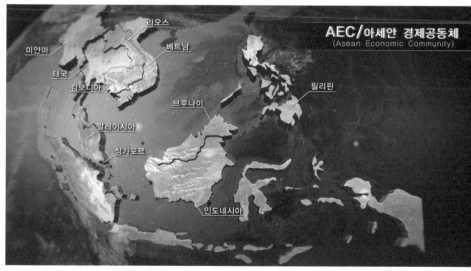

| 10개국으로 구성된 아세안경제공동체는 관세 없이 자본, 노동, 상품이 자유롭게 오가는 하나의 경제권을 뜻한다.

머레이 히버트
미국 국제전략문제연구소(CSIS) 선임연구원

25세 이하의 인구가 동남아시아 인구의 40%를 차지할 겁니다. 그래서 노동력의 잠재력이 매우 강합니다. 투자자들에게는 이러한 노동력이 굉장히 매력적으로 다가옵니다.

김소영
서울대학교 경제학부 교수

사실 아세안을 보면 상대적으로 저개발 국가가 많습니다. 저개발 상황에서도 현재 6% 이상 성장하는 것을 보면 향후에도 지속적 성장을 하리라고 예상되고, 장기적으로 소비 수요가 크게 증가할 시장이라고 예상됩니다.

유럽이 아닌 아시아 중심의
미래가 시작된다

말레이시아는 1950년대 후반까지 영국령이었다. 독립 이후 1997년까지 경제가 상당히 침체되어 있었지만 여러 전략을 통해 극복해왔다. 하지만 오늘날 말레이시아는 빠르게 성장하고 있는 국가 중 하나로 큰 잠재력을 갖고 있다. 이러한 역사는 다른 동남아시아의 국가들에서도 낯설지 않다.

베트남의 경우, 프랑스의 식민지였지만 1945년 호찌민이 이끄는 혁명을 통해 해방을 맞이했다. 당시 호찌민은 "모든 인간은 태어날 때부터 평등하며 창조주로부터 양도할 수 없는 권리를 받았습니다. 생존, 자유, 행복의 추구 등이 바로 그 권리입니다"라는 내용의 독립 선언서를 낭독했다. 오늘날 베트남은 경제 발전을 이루며 세계에서 가장 중요한 시장 중 하나가 되었다.

영국의 식민지였던 미얀마 역시 최근에 세계시장의 뜨거운 감자로 떠올랐다. 경제 개방, 개혁 정책과 함께 세계에서 몰려든 투자자들이 미얀마 시장에서 성공적 투자를 하기 위해 치열한 경합을 벌이고 있어서다. 프랑스의 식민지였던 라오스도 세계에서 가장 가난한 나라 중 하나였지만 경제공동체로 거듭난 아세안의 한 국가로 경제 성장에 박차를 가하는 중이다.

한때 유럽은 자신을 세계의 중심에 두었다. 사회적, 경제적, 정치적으로 유럽이 우위에 있다는 가치관을 갖고 있었다. 유럽은 그러한 가치관을 이용해 다른 국가를 식민지화하는 것을 정당화했다. 식민지 시대에 많은 아시아 국가들은 유럽으로부터 인적, 물적 자원을 빼앗겼고, 심지어 기나긴 자국의 역사 안에서 형성된 정체성에 상처를 입기도 했다. 하지만 지금 아시아 국가들은 안정적인 경제 발전을 위해 함께 경제공동체를 이룩해서 일어서고자 한다.

필립 코틀러
미국 노스웨스턴대학교 경영대학원 석좌교수

아시아는 전반적으로 화합에 중점을 둡니다. '더불어 살자'는 개념이 있죠. 아세안이라는 조직이 결속될 수 있었던 것은 그들이 '넥스트 차이나', '넥스트 인도'가 될 수 있기 때문입니다.

지난 10년간 중국의 사례는 아시아 국가들의 성장 가능성을 보여준 워크숍과도 같았다. 처음에는 낮은 노동임금을 통해 성장을 시작했지만, 점차 고급 기술과 낮은 노동임금이 결합되면서 큰 경쟁력을 갖추게 되었다. 그리고 시간이 지나서는 노동자들의 임금이 상승하게 되었으며, 그들의 삶의 질도 높아졌다. 지금 많은 아시아 국가들도 이러한 과정을 거치며 일부는 고도성장을, 일부는 더딘 성장을 하고 있다. 이 때문에 아시아는 부유한 국가들뿐 아니라 가난한 국가들도 이득이 될 수 있도록 성장할 필요가 있다. 이것은 경제공동체 아세안이 출범한 이유이기도 하다.

마하티르 모하마드
전(前) 말레이시아 총리

아세안 국가들은 성장하는 데 있어 최선의 요소를 서로에게서 배웁니다. 예를 들자면, 과거 아세안은 매우 국수주의적이었고, 자국 경제에 외국의 참여를 원하지 않았어요. 하지만 한 나라가 해외투자를 받아들여 성장하는 모습을 보인 후에 모든 아세안 국가들이 그에 따르게 되었죠. 우리는 모두 무역에 집중하게 되었고, 국제무역을 위한 물품을 생산하고 수출함으로써 수입을 벌어들이고 있습니다.

세계 금융위기 이후로 휘청거렸던 미국이나 유럽과 달리 아시아는 상대적인 안정을 유지하면서 생산기지이자 소비시장으로의 변모를 꾀해왔다. 이미 아세안의 10개 국가와 한국, 중국, 일본, 인도를 합한 GDP는 전 세계 GDP의 30%를 차지하고 있다. 10억 명의 젊은 노동력이 만들어내는 압도적인 생산력, 44억 명의 거대한 시장이 만들어내는 폭발적인 소비력을 가진 젊은 대륙 아시아는 오늘날 저성장에 빠진 세계경제에 활력을 불어넣고 있다.

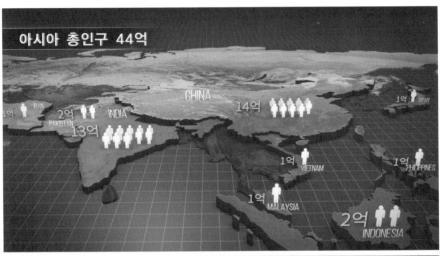

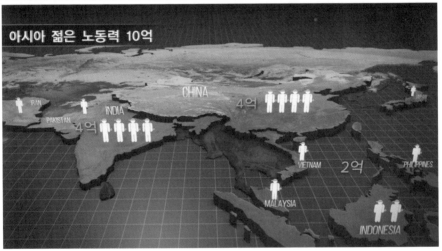

44억의 아시아 인구, 10억의 젊은 노동력이 가진 거대한 소비와 생산력은 세계를 아시아 중심으로 재편할 것이다.

앤드류 시어러
미국 국제전략문제연구소(CSIS) 선임고문

아시아가 앞으로 세계경제의 견인차가 될 것이라는 데는 전혀 의심의 여지가 없습니다. 세계적으로 경제성장이 부진한 데다 세계경제가 금융위기에 여전히 취약한 이 시기에 아시아의 성장은 굉장히 중요합니다. 그래서 우리 모두는 아시아 지역의 지속적인 경제성장에 큰 관심을 갖고 있습니다.

마하티르 모하마드
전(前) 말레이시아 총리

오늘날 아시아는 세계의 트렌드를 만들어가고 있습니다. 과거보다 더 성공적이고 훨씬 더 부유하며 더 많은 인구를 갖고 있기 때문에 아시아의 미래는 아주 밝으며 그 안정감이 흔들리지는 않을 겁니다. 미래에는 유럽 중심이 아니라 아시아 중심이 될 겁니다.

'넥스트 차이나'에 대한
우리의 대안은 무엇인가

　　　　　　　　　　세계의 많은 경제 석학, 기업, 사람들이 앞으로 아시아의 시대가 올 것이라 예측하고 있다. 지난 수년간 중국은 급속도로 성장해왔으며, 인구대국 인도는 거대 시장으로 부각되었다. 아세안은 2030년에 세계 4대 경제권이 되는 것을 목표로 국가 간 관세를 낮추고 무역을 촉진함으로써 경제성장에 박차를 가하고 있다. 특히 아세안 파이브(ASEAN 5)로 불리는 베트남, 태국, 인도네시아, 말레이시아, 필리핀은 적극적인 외자유치, 자국 내 공단 설립, 기반산업의 발전 등을 적극적으로 추진하여 경제 규모의 확대가 두드러진다.

　아세안이 창설된 것은 1967년이었다. 이때만 해도 필리핀, 태국, 인도네시아, 말레이시아, 싱가포르만이 가입 국가였지만 이후로 여러 나라들이 가입하기 시작했고, 1980년대 후반에는 미국과 소련의 냉전체제가 종식되면서 독자적 정치성을 추구하게 되었다. 그리고 2015년 말 아세안 출범을 선포하면서 향후 10년간의 청사진으로 '아세안공동체 비전 2025'를 발표하기에 이른다. 새롭게 부상하고 있는 아세안은 향후 세계경제 시장의 지도를 바꿀 수 있을 정도로 어마어마한 잠재력을 갖고 있다. 이 때문에 이 시장을 누가 먼저 선점하느냐에 따라 다른 많은 나라들의 미래가 달라질 것이다.

베리 아이켄그린
미국 UC버클리 경제학과 교수

아시아가 경제적 측면에서 더 영향력을 갖게 될 것은 명백합니다. 아시아는 세계 다른 지역들보다 빠르게 성장할 것입니다. 아시아가 가진 인구의 힘으로 말이죠. 저는 아세안 지역이 국제경제에서 가장 역동적인 지역 중 한 곳이며, 해외투자자들에게 매력적인 곳이라 생각합니다. 지금 아세안 국가들과 아시아개발은행, 그 밖의 기관들은 인프라 문제를 해결하기 위한 계획을 세우고 있습니다.

현재 아세안 시장에 가장 공격적으로 진입하고 있는 국가는 일본이다. 일본 정부는 2013년 아세안의 방재 분야의 협력 강화에 합의하거나 위성데이터를 제공하는 등 아세안의 재해방지 대책에 공헌하고 있으며, 아세안의 복지 정책에도 도움을 주고 있다. 일본 정부의 전방위적 협력 관계는 일본 기업들의 아세안 진출에 발판을 굳건히 해주는 배경이 되기도 한다. 일본 기업들은 아세안을 판매 및 생산거점으로 주목하고 있으며, 아세안 진출에 매우 의욕적이다. 한 예로, 인도네시아의 경우에는 전체 자동차 판매량의 90%가 일본제 차량일 정도로 일본 기업의 활동은 활발하게 펼쳐지고 있다.

한국 역시 1989년 아세안과 대화 관계를 수립한 이후, 아세안 자유무역협정을 완결하고 전략적 협력 동반자 관계 격상의 과정을 차근히 밟아왔다. 그리고 2014년에는 '25주년 기념 한국-아세안 특별정상회의'를 개최하여 전략적 동반자로 관계를 강화시키기도 했다. 덕분에 1989년에는 82억 달러(9조 200억 원)에 그쳤던 한국-아세안의 교역 규모가 2014년에는 17배 증가한 1,380억 달러(151조 8,000억 원)로 늘어났으며, 중국에 이어 한국의 2대 교역 파트너로 성장하기에 이른다.

2015년 기준으로 아세안에 진출한 한국 기업은 2,786개에 달한다. 석탄, 천연가스, 천연고무 등의 풍부한 자원과 젊은 노동력을 보유하고 있으며, 빠르게 성장하고 있는 아세안 10개 국가들은 한국 기업에게 매우 중요한 시장이다. 또한 우리와 지리적으로 매우 가까운 위치에 있어 정치적, 외교적으로도 상당히 큰 의미를 지니고 있다. 이러한 이유로 한국은 아세안 국가들과 전면적 협력을 추진해야 하고, 외교의 지평을 확대함으로써 아세안을 새로운 성장동력으로 만들어나가야 할 필요가 있다.

김재희
한국타이어 인도네시아 공장장

한국 기업들은 국내 시장만 보고 있기에는 한계가 있습니다. 그래서 기회의 땅인 아세안 국가들로 우리의 영역을 넓혀야 하죠. 그래야 대한민국이 더 잘 살 수 있는 기회를 가질 수 있습니다.

김소영
서울대학교 경제학부 교수

그동안 우리는 중국의 많은 노동력과 무역을 통해서 성장할 수 있었는데 최근 상황을 보면 중국의 성장률이 점점 낮아지고 있습니다. '넥스트 차이나'의 대안이 필요하다고 보입니다. 그 대안으로서 아세안은 더 성장할 가능성이 있다고 보입니다. 중국에 많이 의존했던 문제도 완화시켜줄 수 있기 때문에 아세안은 우리 경제의 장기적 성장을 위해 아주 중요한 대안이라고 생각합니다.

5부

부의 지도를 바꾸는 길,
아시안로드

아시아에서 유럽까지 철로를 통한 거대한 길이 연결되고 있다. 그 길 위로 사람과 상품이 오가고, 문화가 흘러간다. 철길을 따라 들어선 도시에는 사람과 공장이 들어섰으며, 수출 길이 열리면서 물류 중심지가 되었다. 또한 그 어느 때보다 왕성한 경제활동이 펼쳐지고 세계 경제의 지도를 바꾸고 있는 21세기 새로운 부의 실크로드인 아시안 로드를 따라가 본다.

철도가 세계 물류의
중심을 바꾼다

중국과 동남아의 커피가
충칭에 모이는 이유

미얀마, 라오스, 베트남 등과 국경을 맞대고 있는 중국 남서부에 위치한 윈난 성은 옛날부터 차와 사탕수수 재배로 유명했다. 그런데 오늘날 윈난의 차밭은 빠르게 커피 재배지로 바뀌고 있다. 차나 사탕수수보다 관리하기가 쉬울 뿐만 아니라 돈이 더 된다고 알려지면서 농가들이 커피 농사로 방향을 돌리고 있기 때문이다.

윈난의 커피는 향이 좋으며 산도가 높은 특징이 있다. 낮과 밤의

▌ 윈난의 차 밭이 빠르게 커피 재배지로 바뀌며 커피는 윈난의 4대 수출품이 되었다.

큰 기온 차, 충분한 강우량, 비옥한 땅이 윈난 커피의 품질을 높여주고 있다. 매해 11월부터 다음해 2월까지 수확하지만 공급량이 수요를 따라가지 못할 정도로 윈난의 커피는 인기가 많아서 이미 차와 사탕수수를 제치고 4대 수출품으로 자리 잡았다. 커피의 수출이 늘자 윈난 사람들의 생활수준도 향상되었다.

윈난의 커피가 유명해지면서 허우구 커피는 중국 1위의 커피 업체가 됐다. 1994년에 설립된 허우구 커피는 20년 넘게 커피를 생산해온 커피 전문기업이다. 허우구는 약 2,000만 평 넓이의 커피 밭에서 커피 열매를 재배한다. 공장에는 매일 180톤의 커피 열매가 들어오는데 이 중 60%는 유럽과 미국, 터키, 러시아, 동남아시아 등 전 세계 40개국으로 수출된다. 허우구는 커피 재배부터 가공까지 모두 하는 중국 유일의 농업산업화 선두기업이기도 하다.

양등친
중국 허우구 커피 부사장

지난해 수확된 원두 중 60% 정도를 전 세계 40개국에 수출했습니다. 그리고 나머지 40% 원두는 회사에서 캔커피 등 다른 커피 제품을 만드는 데 사용했어요. 2015년 우리 회사의 커피 거래액은 총 3억 달러(약 3,300억 원)입니다.

허우구를 비롯해 윈난에서 재배된 커피는 화물열차나 트럭을 통해서 중국 중서부 도시 충칭으로 간다. 중국 대륙의 중앙부를 횡단하는 양쯔 강이 흐르는 거대한 도시 충칭은 중국 각지에서 생산된 커피가 모이는 곳이다. 베트남, 미얀마 등 동남아시아의 커피도 이곳을 거친다. 2015년 한 해 충칭의 커피 거래액은 6억 달러(6,600억 원)로 해마다 늘고 있다.

중국 국내의 커피뿐 아니라 동남아시아의 커피까지 충칭에 모여드는 이유는 그곳에 유럽행 화물열차가 출발하는 서부 화물역이 있기 때문이다. 충칭 서부 화물역은 중국 중서부에서 규모가 가장 큰 화물 열차역이다. 2010년 이곳에 처음 '중국-유럽 화물열차'가 개통되자 커피 수출에도 날개를 달게 되었다. 보관에 주의를 기울여야 하는 커피는 수송 도중 변질될 위험이 있고, 습기 관리도 중요하다. 따

▌원난의 커피를 비롯해 동남아시아 커피는 충칭을 거쳐 세계로 수출된다. 2015년 충칭의 커피 거래액은 6억 달러를 넘어섰다.

라서 운송 시간이 긴 배를 이용할 경우, 이러한 부분에서 위험도가 큰 편이었다. 하지만 열차를 이용하게 되면서 커피는 더 안전하고 빠르게 각 국가로 배송될 수 있게 되었다.

유럽행 화물열차가 열어준
수출의 길

충칭 서부 화물역에는 충칭과 중국 곳곳에서 온 수출 컨테이너들이 빼곡히 들어서 있다. 하루에만 만 개 가까운 컨테이너가 이곳을 드나든다. 수많은 노선 가운데 일주일에 네 번 출발하는 충칭-뒤스부르크 화물열차는 가장 중요한 노선이다.

장장 1만 1,000km의 길을 달리는 '충칭-뒤스부르크 화물열차 노선'은 3단계를 거쳐 운행된다. 중국 대륙을 지나 카자흐스탄 국경까지가 1단계이고, 카자흐스탄 국경에서 폴란드 국경까지가 2단계이고, 폴란드 국경에서 뒤스부르크까지가 3단계이다. 중국 서부 도시와 중앙아시아 대초원을 거쳐 유럽 대륙을 향해 뻗어나가는 유럽행 화물열차는 운송 시간을 획기적으로 단축시켰다. 유럽으로 가는 바닷길은 먼 항로를 돌아가야 한다. 이 때문에 배를 이용하면 중국에서 독일까지 길게는 55일이 걸린다. 하지만 이 화물열차를 이용하면 독일까지 가는 데 15일이면 충분하다.

짐 로저스
로저스홀딩스 회장

이것은 세계의 지리가 또 한번 변화하는 사건입니다. 중국이 지금 이것을 실현하고 있습니다. 화물을 유럽까지 배로 보내는 것보다 2주 이상 더 빨리 운송하는 것입니다. 여기에는 정말 큰 의미가 있습니다. 열차가 지나가는 모든 곳, 그리고 주변 모든 지역이 지금보다 훨씬 발전할 것입니다.

충칭에 있는 오토바이 엔진 제조업체 라토(Rato)도 중국-유럽 화물열차 덕분에 생산량과 판매량이 크게 늘었다. 이 회사는 2015년

▎충칭을 출발한 중국-유럽 화물열차는 중국 서부와 중앙아시아를 거쳐 보름이면 독일 뒤스부르크에 도착한다. 최대 55일 걸리는 바닷길에 비하면 획기적인 단축이다.

한 해 오토바이 엔진 150만 대, 오토바이 완제품 15만 대를 판매했다. 첫해 1억 위안(168억 원)으로 출발했던 매출은 8년 만에 18억 위안(3,024억 원)으로 늘었다. 라토는 생산한 제품의 97%를 해외로 수출한다. 미국, 유럽, 중남미, 아시아 지역 등으로 수출하고 있는데 충칭과 독일을 오가는 화물열차가 운행되기 시작하면서 유럽으로의 수출이 훨씬 용이해져서 유럽 시장의 매출이 빠르게 늘고 있다.

덕분에 라토는 새로운 수출 전략도 세웠다. 빠른 철도 운송을 통한 납품 비중을 늘려 러시아, 폴란드 등으로 수출을 확대해갈 예정이다. 이를 위해 이탈리아 출신의 엔진 디자이너와 기술자까지 영입해 유럽 시장 공략에 적극적으로 나서고 있다.

상진
오토바이 엔진 제조업체 라토 대표

예전에는 짧은 시간 내에 대량의 상품을 수출해야 하기 때문에 운송과 납품이 정말 골치 아픈 문제였습니다. 유럽행 화물열차는 라토와 같은 수출형 기업에 정말 좋은 영향을 끼치고 있습니다. 운송비용을 낮추면서도 운송 기간은 한 달이나 단축시킬 수 있게 됐거든요. 앞으로 유럽으로 가는 실크로드 길이 더 발전한다면 우리 같은 수출 기업이 더 좋아질 것입니다. 그렇게 되기를 기대합니다.

이처럼 유럽행 화물열차가 생기며 충칭 서부 화물역은 실크로드 경제벨트의 중요한 물류기지이자, 세계로 나가는 통로로 자리 잡고 있다. 그리고 기업들은 철도가 열어준 유럽으로 가는 길을 통해 새로운 기회를 얻고 있다.

물류거점이 되며 달라진
도시의 위상

충칭은 2016년 경제성장률 10.7%로 몇 년째 중국 지역별 경제성장률 1위를 차지했다. 6%대를 유지하고 있는 중국 전체 경제성장률과 비교해보면 높은 수치다. 충칭이 높은 성장률을 유지하고 있는 것은 아시아와 유럽을 잇는 내륙 철도가 충칭의 산업구조를 바꾸며 경제 발전을 이끌어내고 있기 때문이다.

충칭의 시융 산업단지는 전 세계에서 가장 큰 노트북 PC 생산기지다. 미국 휼렛패커드(Hewlett-Packard)의 노트북을 생산하는 회사들도 이곳에 입주해 있다. 중국에 투자 계획을 갖고 있던 휼렛패커드는 처음부터 열차를 통한 제품 수출을 원했다. 중국-유럽 화물열차의 개통은 충칭을 바로 그 조건에 부합되는 도시로 만들었다. 화물열차를 통해 휼렛패커드의 노트북 PC가 전 세계로 나갈 수 있게 된 것이다. 이로 인해 현재 세계 노트북 PC 3대 중 1 대는 충칭에서 생산되고 있다.

시융산업단지

전 세계에서 가장 큰 노트북 생산기지인 충칭의 시융 산업단지. 전 세계 노트북 3대 중 1대
는 충칭에서 생산된다.

저우인샤
중국 시융 산업단지 개발공사 부장

중국에서 유럽으로 가는 화물열차는 충칭에서 생산하는 컴퓨터, 노트
북, 자동차 부품을 수출하는 통로에서, 더 나아가 전 세계로 나가는 중
요한 통로가 되었습니다.

사실 충칭의 발전은 중국 최초의 내륙 보세항구(보세구역) 건설이
정식 비준되었던 2008년에 이미 예견된 것이었다. 33억 위안(5,544억
원) 이상의 비용을 들여 2010년 완공한 보세 항구 1기는 중서부 내륙
양쯔 강 상류에 위치한 충칭을 자체적으로 항만을 갖춘 내륙 항구도
시로 거듭나게 만들었다. 이로 인해 충칭은 국제공항, 철도뿐 아니라

▌충칭 시는 보세구역을 거점으로 충칭을 중국 서부 지역의 유일한 자유무역 지대로 만들 계획이다.

항구까지 있는, 서부 중심의 물류거점 도시가 되었다.

충칭의 변화로 3,000만 충칭 시민들의 소비 문화도 달라졌다. 양쯔강과 연결된 내륙 항구와 철도를 통해 들어오는 상품들을 편리하고 쉽게 구입할 수 있게 되었으며 물류 시스템을 통해 집에서 바로 배송받을 수도 있게 되었다. 특히 보세항구에 위치한 상품거래소는 충칭의 변화를 여과 없이 보여준다. 이곳에는 40개국의 나라에서 항구와 철도를 통해 들어오는 4만여 종에 이르는 다양한 제품들을 전시하고 있다. 세계적으로 유명한 브랜드 제품에서 해외명품까지 없는게 없을 정도다. 독일관, 이탈리아관, 한국관 등 국가별로 분리해 각나라의 상품이 전시되어 있다. 독일은 주로 가전과 자동차를 전시하고 있으며, 이탈리아는 가구, 수제 가죽 신발을 전시하는 식이다. 한국은 화장품, 건강용품 등을 전시해놓았다. 이런 전시관들은 기업을 유치하는 플랫폼으로 활용되기도 한다.

보세항구에는 상품을 진열해둔 상품거래소 외에도 고객들의 집까지 배송하기 전 물품들을 보관하는 보세창고도 있다. 보세구역에서 판매되는 상품들은 엄격한 검사를 통과해야만 판매될 수 있기에 완벽한 품질을 보장한다. 그리고 중간유통 과정이 없기 때문에 대부분의 상품은 대폭 낮은 가격으로 판매된다. 이를테면, 독일 자동차와 같은 수입 상품은 시내 매장보다 약 15% 저렴하다.

보세항구를 통해 충칭에 들어온 화물은 중국-유럽 화물열차를 통해 유럽으로 가게 된다. 중국의 '일대일로' 전략에서 철도는 중요한 수단이다. 철도를 따라 포진되어 있는 도시는 무역 플랫폼으로서 강점을 지닌다. 충칭은 바로 이러한 지점에서 중국 경제 발전에 중요한 역할을 하고 있다. 충칭을 발전시킴으로써 중서부 중심도시 개방의 연결고리와 중서부 지역의 경제 발전을 이끌어낼 수 있기 때문이다. 이러한 이유로 중국 정부는 충칭을 '자유무역 시험구' 운영 도시로 선정하였다. 2016년 3월에 열린 전국인민대표대회에서 "흔들리지 않고 대외 개방을 확대해야 합니다. 일대일로가 평화와 번영을 이루는 길이 되도록 합시다"라고 말한 리커창 총리의 연설은 중국 정부의 의도를 보여준다. 개방과 제도 개혁을 통해 중국 경제의 새로운 성장동력을 만들어보려는 것이다.

왕이웨이
중국 인민대학교 교수

과거 서부 도시인 충칭에서 유럽으로 가려면 반드시 상하이를 거쳐야 했습니다. 하지만 이제 충칭에서 출발한 배가 한 번에 유럽의 세관을 통과하여 바로 대서양의 항구로 갈 수 있습니다.

유럽과 아시아를 잇는 무역의 핵심거점, 함부르크

　　　　　　　　　중국 중부 허난 성의 정저우 화물 역과 중국 북부 헤이룽장 성의 하얼빈 화물역에서 출발한 열차는 독일 함부르크에 도착한다. '정저우-함부르크 화물열차 노선'은 2013년 7월에 개통한 후 주 2회씩 운행 중이고, '하얼빈-함부르크 화물열차 노선'은 2015년 6월에 개통한 후 주 1회씩 운행 중이다.

　함부르크 항은 독일뿐만 아니라 유럽에서도 가장 큰 항구 중 하나다. 유럽과 아시아에서 오는 모든 물품이 함부르크 항에 하차되고 적재된다. 독일에서 세계로 가는 물품은 물론이고 세계에서 독일로 오는 물품들도 함부르크를 통하게 되어 있다. 열차가 싣고 온 컨테이너들은 이곳에서 유럽 각지로 흩어진다. 함부르크는 스칸디나비아 국

▌ 중국에서 온 컨테이너들은 함부르크를 통해 다시 유럽 각지로 흩어진다. 함부르크는 유럽과
아시아를 잇는 무역의 핵심거점이 되고 있다.

가나 기타 유럽 국가들과 잘 연결되어 있어 스페인이나 네덜란드로
가기도 용이하다. 세계로 통하는 문, 함부르크는 유럽과 아시아를 잇
는 무역의 핵심거점이 되고 있다. 중국이 함부르크를 종착역으로 선
택한 이유는 유럽 각지와 도시로 통하는 도로 자원을 이용할 수 있
기 때문이다. 유럽 전역으로 보낼 물건을 함부르크까지 한 번에 보낸
후 이곳에서 각지로 나누어 운송하면 물류원가가 저렴해진다.

크리스 판터
함부르크 화물역장

아시아와 철길이 연결되는 것은 함부르크에 큰 의미를 갖습니다. 중
국–유럽 화물열차가 함부르크에 도착해서 독일 전역과 전 세계로 운송

되는 것은 함부르크에도 큰 기회가 됩니다.

반대로 유럽의 물건들은 이 열차를 통해 중국에 간 다음 항공, 철도, 해운 등과 연계되어 일본, 한국, 대만, 동남아까지 간다. 열차에 실리는 상품은 다양하다. 장난감부터 공산품, 또 급하게 필요한 부품 등 고객들에게 빠르게 운송되어야 하는 것들이다. 특히 독일에서 열차로 가장 많이 나가는 제품은 자동차다. 해상 운송에 비해 운송이 빠르고, 항공 운송보다는 낮은 비용 때문이다. 철도 수송량은 수출입품 양쪽에서 모두 증가하는 추세다. 해상 운송과 가격차도 그리 크지 않아 많은 기업들이 철도 수송을 택하고 있어서다. 덕분에 함부르크의 철도 수송량은 일 년 사이에 약 세 배가 늘었으며 화물역 인근 도로는 컨테이너 트럭들로 언제나 북새통이다.

철도 수송은 더 빠르고 저렴하게 물품을 수송할 수 있다는 의미 이상을 지닌다. 이전까지만 해도 배나 비행기로만 연결되었던 아시아와 유럽이 철길로 연결되면서 사회적, 문화적 의미까지 가지게 되었다. 유럽 화물은 이제 철도를 이용해 국경을 넘고 중국까지 갈 수도 있다. 배나 비행기에서는 볼 수 없는 눈과 얼음, 사막으로 뒤덮인 길을 지나며 그들이 가고자 하는 도시를 더 쉽게 갈 수 있게 된 것이다.

스페인을 유럽 진출의
전략적 기지로

상하이 인근의 이우 시는 세계 최고의 무역도시로서 이름을 떨치고 있다. "이우에 없으면 없는 물건이다"는 말이 떠돌 정도로 이우 시장은 각종 잡화부터 최첨단의 3D 프린터까지 모두 갖추고 있다. 세계 곳곳에서 온 무역상이나 상인들은 이우에서 구매한 상품을 화물선에 실어 보내곤 했다. 그런데 최근에 '이우-마드리드 화물열차 노선'을 이용할 수 있게 되면서 유럽으로 가는 화물의 운송 방법이 하나 더 추가되었다.

이우에서 출발한 열차가 마드리드에 도착하는 데 소요되는 시간은 약 22일이다. 이로 인해 스페인을 비롯한 여타 유럽 국가들은 중국의 물건을 더 많이 사용할 수 있게 되었다. 중국인들 또한 더 빠르게 스페인산 식자재 및 기타 제품들을 접할 수 있게 되었다.

마드리드 외곽에 위치한 코보 카예하 상가는 열차를 통해 들어온 중국산 제품들이 모이는 곳이다. 이곳 상가엔 중국어 간판들이 즐비하다. 500여 개의 중국 상점이 있는 이곳에서 판매하는 제품들은 장난감, 장식품, 의류, 전자제품 등 대부분 중국, 특히 이우에서 온 것들이다. 이곳의 고객은 주로 스페인 도매상들이다.

이우 -마드리드 노선의 구축은 2014년 9월 중국 시진핑 주석과 스페인 마리아노 라호이 총리의 회담에서 합의되었다. 중국은 이미 중

▌철도를 통해 마드리드에 온 중국산 제품들이 모이는 마드리드 외곽의 코보 카예하 상가.
이곳엔 500여 개의 중국 상점이 있다.

국-독일 등 유럽과 중국을 잇는 다른 노선을 갖고 있지만 아프리카,
남미 등의 지역까지 물류를 확장시킬 수 있는 중국-스페인 철도 건
설에 대단히 높은 관심을 보였다. 그리고 2015년 11월, 이우-마드리
드 노선이 개통되었다.

이우-마드리드 화물열차는 중국 이우에서 출발해 중앙아시아
를 거쳐 스페인의 마드리드에 도착하게 되는데 그 길이는 약 1만
3,000km로 세계 최장의 철도 노선이다. 길이 자체도 어마어마한 규
모지만 철도를 둘러싼 환경적 요인도 만만치 않다. 카자흐스탄, 러시
아, 폴란드, 독일, 프랑스를 거쳐 스페인의 마드리드까지 이어진 이
길은 아열대 기후 지대, 고원사막 지대, 영하 40도까지 떨어지는 초
원 지대도 거치게 되어 있다. 철도 구간마다 운송 과정도 복잡하다.
카자흐스탄, 폴란드, 스페인 국경을 들어설 때면 철도 규격이 차이가

있기 때문에 기중기를 이용해 컨테이너를 옮겨야 하기 때문이다. 그런데도 중국은 이우와 마드리드를 연결시키는 철도 공사에 매진해왔다. 중국이 이처럼 강한 의지를 보인 이유는 미주 대륙과 북아프리카를 이어주는 스페인이 물류 요충지로 지정학적 중요성을 띄고 있다는 사실 때문이다. 또한 동유럽 국가의 경제성장 속도가 빨라지면서 유럽 시장의 지도가 바뀌자 중국의 입장에서 스페인은 유럽 진출의 전략적 기지로써 그 활용도가 더 높아진 것이다.

페르난도 푸이가리
스페인 철도 국제협력실장

중국-스페인 화물열차가 개통되면서 스페인은 중국에서 오는 물류의 허브 역할을 하며 아프리카, 남미 등의 지역까지 물류를 수송할 수 있게 되었습니다.

중국의 거대한 전략,
일대일로

21세기 새로운
경제벨트의 탄생

2013년, 중국 시진핑 주석은 중앙 아시아와 동남아시아 순방에서 '일대일로'라는 중국의 경제 전략을 발표했다. '일대(一帶)'는 중국과 아시아, 유럽을 연결하는 '육상 실크 로드 경제벨트'를, '일로(一路)'는 중국에서 출발해 동·서남아시아를 거쳐 유럽과 아프리카로 이어지는 '해상 실크로드 경제벨트'를 의미 한다. 즉, '일대일로'는 전 세계를 육상과 해상 실크로드로 연결해 21 세기 새로운 경제벨트를 구축하려는 전략이다. 시진핑 주석은 2014

년 한 해 동안 30여 개국을 순방하며 '일대일로' 건설을 적극 홍보했으며, 2015년에는 전면 시행 단계에 들어섰다.

중국은 그 옛날, 실크로드를 통해 길이 부를 만든다는 것을 알고 있었다. 길이 뚫려 통하게 되면 무역 교류가 열리고, 사람 간의 교류, 상품의 교류, 화폐의 교류가 생기면서 부가 자연스럽게 따라오게 된다는 것을 알았던 것이다. 바로 이 점이 '일대일로'라는 신 실크로드 건설에 중국이 적극적인 이유다.

중국은 '일대일로'를 통해 아시아, 유럽, 북아프리카, 중동에까지 교통, 에너지, 물류 방면에 방대한 인프라를 개발하고, 경제성장과

▌아시아 대륙은 동쪽 끝부터 도로와 뱃길, 철길로 거미줄처럼 연결되고 있다. 유럽까지 이어진 육상 실크로드는 아시아 부의 지도를 다시 그리고 있다.

안보를 굳건히 하는 것을 목표로 하고 있다. 그리고 여기서 더 나아가 중국은 자국의 경제 영토를 중앙아시아와 동남아시아로 확대함으로써 지역경제 통합의 주도권을 확보하고자 한다. 이를 위해 이미 중국은 막대한 자금으로 주변 국가들과 투자 협정을 체결했으며 중국, 인도, 싱가포르 등 21개국이 참여한 아시아인프라투자은행(AIIB)을 비롯해 실크로드 기금 등을 창설했다.

장웨이웨이
중국 푸단대학교 교수

육상 실크로드인 '일대일로'의 배경에는 중국의 발전 경험이 자리하고 있습니다. 우리가 말하는 경험은 '아시아의 부는 도로에서 먼저 나온다'는 것입니다. 부는 한 사람의 힘으로는 만들어지지 않습니다. 부를 만들기 위해서는 먼저 도로를 닦아야 합니다. 도로를 연결하면 다양한 교류가 생겨 부를 이룰 수 있습니다.

중국의 경제전문 보도매체인 〈중국 경제망〉은 '일대일로'를 통해 연결된 국가들의 총인구수를 전 세계 인구의 63%에 해당하는 46억 명, 경제 규모는 글로벌 경제의 약 40%를 차지할 것으로 보고 있다. '일대일로' 정책의 경제적 가치는 '마셜플랜(미국이 2차 세계대전 이후

유럽 재건을 돕기 위해 시작한 경제 원조 계획)'의 12배에 달하는 것으로 예측된다. 당시 미국은 약 4년에 걸쳐 서유럽 국가에 130억 달러(현재 가치 약 161조 원)를 지원했었다.

중국 역시 종착지인 서유럽까지 가는 길목에 위치한 많은 나라들에 경제적 지원을 아끼지 않고 있다. 현재 중국이 '일대일로'를 위해 투자한 금액은 중국 GDP의 9%에 이른다. 하지만 중국은 이와 같은 투자가 결국 아세안 자유무역지대를 기반으로 해서 중국을 멀리 유럽까지 뻗어나갈 수 있도록 만들 경제 발전의 초석이 될 것이라 내다보고 있다.

후안강
중국 칭화대학교 국정연구원 원장

중국의 '일대일로' 정책은 마셜플랜을 뛰어넘었습니다. 마셜플랜은 4년간 십여 개 국가에 지원해주고 끝났습니다. 하지만 우리는 지도자가 바뀌더라도 계속 '일대일로'를 유지할 것입니다. 그 때문에 신 실크로드는 계속 발전할 수 있을 겁니다.

중국은 육상 실크로드가 모두가 '윈윈'하는 정책이라 주장한다. '일대일로'로 인해 경제 발전의 혜택을 받는 것은 중국뿐이 아니라는 말이다. 15세기와 17세기 스페인이나 포르투갈이 개척한 항로가 서방국가를 제외한 많은 나라들은 비극적인 결과를 맞았던 것과는 달리 철도가 지나가는 나라와 도시의 사람들 모두가 이익을 얻을 수 있도록 하기 때문이라는 게 그 이유다. 실제로 중국과 경제 지리적으로 가까운 주변 국가들도 길이 생겨나면서 함께 발전하고 있다. 또한 아시아의 각국이 상호 연결됨으로써 무역과 경제는 더 다원화되며, 이로 인해 아시아의 국가들의 경제성장은 촉진되고 있다.

자국의 이익과 세계시장에서의 주도권을 잡기 위한 중국의 속내가 '일대일로'의 본질이라고 해도 표면적으로나 현실적으로 '일대일로'를 통해 아시아의 많은 나라들이 경제성장의 단계로 올라선 것만은 분명하다. 그래서 아시아의 내륙 국가들이 중국의 '일대일로' 정책에 대단히 뜨거운 반응을 보였던 것이다.

후안강
중국 칭화대학교 국정연구원 원장

일대일로는 개방의 길, 협력의 길, 상생의 길이자 서로를 연결해주는 길입니다. 길은 연결돼야 길이 되는 것입니다.

일대일로가 만드는
경제 발전

　　　　　　　중국의 개혁개방 이후 연안 지방의 발전은 두드러졌지만 상대적으로 중서부 지역은 낙후되어 지역 간의 격차가 커졌다. 이에 중국 정부는 2000년부터 중서부 지역 대개발을 본격화하기 시작했다. 이 과정에서 중국은 중서부 지역의 13개 성을 포함시킨 실크로드 경제벨트를 설계했다. 실크로드 경제벨트를 연결하여 진정한 동서양 양방향 발전과 육해상의 발전 구조를 실현하고자 했던 것이다.

　일대일로 전략의 핵심인 중국-유럽 화물열차의 첫 노선을 충칭에서 출발시킨 것은 중서부 지역 개발에 대한 중국 정부의 의지를 보여주는 일이었다. 화물열차가 개통된 이후 사방이 산으로 둘러싸여 차량 진입조차 어려웠던 충칭은 중국 중서부 지역의 교통 허브이자 공업도시, 핵심 제조업 기지로 변모했다. 이는 일대일로 정책이 경제 발전으로 이어짐을 증명한 것이다.

왕이웨이
중국 인민대학교 교수

　열차 연결은 중국의 산업구조를 바꾸고 있습니다. 중국이 동남연안 지역을 개방하면서 그 지방이 발전했던 것처럼 충칭이 무역에서 금융업에 이르기까지 중국 경제 발전의 동력을 이끌어내고 있습니다. 중국의 일대일로 정책은 전방위적인 새로운 개방구조를 만드는 것을 의미합니다. 동서양 양방향 개방이며, 육지와 바다를 이어줍니다.

아시아와 유럽은 세계 인구의 75%에 달하며, 전 세계 GDP의 60%를 차지할 정도로 큰 시장이다. 또한 아시아와 유럽은 각기 다른 장점과 성장 잠재력을 가지고 있어 서로 경제적인 보완을 할 경우 만들어낼 수 있는 시너지 효과가 매우 크다. 중국이 일대일로 전략에서 중국-유럽 화물열차 노선에 심혈을 기울이는 것도 이러한 배경 때문이다.

첫 번째 노선의 개통 이후로 중국과 유럽을 연결하는 화물열차는 급속하게 발전하기 시작했다. 현재 중국-유럽 화물열차는 중국 28개 도시와 유럽 11개 국가의 29개 도시를 운행하며 유럽 대륙과 아시아 대륙을 잇는 무역 통로의 역할을 하고 있다. 중국-유럽 화물열차로 운송을 할 경우엔 화물 검사와 검역, 통관 등의 원스톱 진행이 가능하기 때문에 내륙 기업들의 이용률이 계속 증가 추세를 보이고 있다. 2017년 5월 초 기준으로 중국-유럽 화물열차의 연간 운행 횟수는 총 1,000회를 넘겼는데 중국 정부는 2020년까지 유럽행 열차의 연간 운행 횟수를 5,000회로 증가시킬 계획이다.

▌유럽 대륙과 아시아 대륙을 연결하며 무역 통로의 역할을 하고 있는 중국-유럽 화물열차.

　중국은 일대일로 전략을 더욱 굳건히 하기 위해 2016년 '중국-유럽 화물열차 건설발전 규획'을 발표하기도 했다. 2020년까지 합리적인 철도 배치와 규칙적인 운행 횟수, 효율성과 안전성을 갖춘 종합 서비스 체계 수립을 목표로 하는 것이 그 내용이다. 또한 중국-유럽 화물열차 외에도 중국은 인도네시아 자카르타와 반둥을 잇는 고속철도 건설 사업에 착수했고, 중국-태국 간 고속철도와 헝가리-세르비아 간 고속철도 건설 작업을 시작했다. 이 모든 길들이 완성되면 그야말로 중국을 중심으로 동아시아, 동남아, 유럽의 나라들의 길이 거미줄처럼 펼쳐지게 될 것이다.

일대일로의 꿈이
시작되는 렌윈강

2013년 9월, 카자흐스탄을 방문한 중국 시진핑 주석은 나자르바예프대학교에서 신 실크로드 경제벨트 개념을 처음으로 설명했다. 카자흐스탄의 나자르바예프 대통령은 실크로드 경제벨트에 지대한 관심을 보였다. 이후 두 나라는 합작으로 중국 장쑤 성 북동부에 있는 도시 렌윈강 항구에 '중국-카자흐스탄 렌윈강 국제합작물류기지'를 건설하게 된다. 그리고 2015년 2월 렌윈강과 카자흐스탄 알마티를 연결하는 중국횡단열차 노선을 운행하기 시작했다.

렌윈강은 1992년부터 공공 플랫폼 항구로 일본, 한국, 동남아시아 국가의 화물들을 해운을 통해 운송해온 역사를 갖고 있다. 또한 중국의 첫 연해 개방도시이자 항구도시, 관광도시로 중국 대륙과 중앙아시아, 나아가 유럽을 잇는 길이 시작되는 육상 실크로드의 동쪽 출발점이기도 하다. 렌윈강을 포함해 중국 각 도시에서 출발한 수많은 열차 지선들이 본선에 합류해 중국 서부로 연결된다. 이렇게 중국의 서부 국경도시를 지난 열차들은 카자흐스탄 등 중앙아시아 각국으로 퍼져나가게 되는 것이다.

항구 바로 옆에 철도가 건설되면서 렌윈강에는 철로와 부두가 합쳐졌다. 육상 실크로드와 해상 실크로드가 이곳에서 연결된 것이다.

렌윈강의 항구 바로 옆에는 육상 실크로드의 시작점인 철도 기지가 있다. 렌윈강과 중국 각 도시에서 출발한 수많은 열차는 중국 서부를 통해 중앙아시아 각국으로 퍼져나간다.

이는 렌윈강이 환적 물류기지로서의 역할도 맡게 된 것을 의미한다. 중국, 일본, 한국, 동남아시아에서 보낸 화물들이 렌윈강에 집산해 중앙아시아로 보내지거나, 그 반대로 중앙아시아의 화물들이 중국, 일본, 한국, 동남아시아 등지로 나가게 되는 것이다. 철도의 건설로 짧아진 물류 운송 시간, 물류원가의 하락은 렌윈강 국제합작물류기지를 무역과 자금의 흐름을 이끌 전진기지로 성장하게 만들었다. 2017년 4월 말, 렌윈강 국제합작물류기지로 들어오고 나간 화물량의 누계 통계량은 680만 톤에 이르렀으며, 표준 컨테이너는 45만 5,000개에 달했다. 80년 전 작은 어촌에 불과했던 렌윈강은 이제 일대일로 정책에서 중요 거점 도시가 된 것이다.

2014년 5월, 중국과 카자흐스탄이 공동 건설한 렌윈강 국제합작물류기지가 가동된 이후로 카자흐스탄은 태평양으로 통하는 동쪽 방향 출구를 가지게 되었다. 렌윈강 국제합작물류기지는 카자흐스탄뿐 아니라 중앙아시아 전체에 큰 변화를 가져왔다. 중앙아시아 대부분의 국가들은 석유나 천연가스 같은 자원이 많으며, 매우 큰 영토를 갖고 있다. 하지만 그에 비해 인구수는 그리 많지 않은 편이다. 카자흐스탄만 해도 대한민국의 27배에 달하는 영토를 지니고 있지만 인구는 1,836만 명에 불과하다. 사람이 살지 않는 빈 땅이 그만큼 많을 수밖에 없다. 그런데 철도가 들어서자 사람들은 철길을 따라 새로운 마을이나 도시를 건설하기 시작했다. 그러면서 기반 산업의 유치와 상업이 성행하게 되고, 이것은 다시 더 많은 사람들을 불러들이는 요인으로 작용했다. 철도는 또한 카자흐스탄 사람들의 소비 생활에도 긍정적 영향을 끼쳤다. 이전까지만 해도 카자흐스탄 사람들은 대부분의 제품을 수입해 쓰는 입장이라 비싼 가격을 지불해야만 했고, 배송까지 오랜 시간을 기다려야 했다. 하지만 철도가 연결된 이후에는 철도를 통해 들어온 제품들을 더 많이, 더 저렴하게, 더 빨리 구입할 수 있게 되었다. 또한 물류 수송의 어려움이 해결되면서 중앙아시아로 진출한 많은 제조업체들 덕분에 현지에서 생산된 물품을 바로 구할 수도 있게 되었다.

한국에서 직통으로
연결되는 실크로드

인천항을 출발한 배 '쯔위란호'는 2005년부터 한국과 중국을 정기적으로 오가는 페리선이다. 일주일에 두 번, 승객과 컨테이너를 싣고 인천항에서 롄윈강 항까지 운항한다. 목적지까지는 뱃길로 24시간, 화물책임자는 중간 중간 컨테이너를 확인한다. 목적지인 롄윈강 항은 한국과 일본의 배들이 중국으로 들어오는 관문으로 컨테이너에는 다양한 한국산 제품들이 실려 있다. 한국에서 들여오는 화물의 70%는 전자제품과 자동차 부품이다.

이밖에도 인테리어 용품, 건축 자재 등이 있다. 이들 제품은 중앙아시아의 우즈베키스탄이나 카자흐스탄 같은 나라로 운송된다.

류빈
중국 렌윈강 중카국제물류 대표

렌윈강은 한국에서 가장 가까운 중국의 항구도시입니다. 특히 우리는 인천, 평택 항로를 가지고 있고 부산도 연결할 수 있습니다. 이 항로들은 모두 가깝고 편리하게 이용할 수 있습니다. 우리는 렌윈강으로 도착한 일본, 한국, 동남아시아의 화물을 다시 이곳 물류기지를 통해 중앙아시아, 유럽으로 보내는 교량과 허브의 역할을 합니다.

렌윈강은 한국과도 오래된 인연이 있다. 렌윈강은 통일신라시대 무역상이었던 장보고의 해상무역 활동 근거지였던 곳이다. 그리고 현재 렌윈강이 속한 장쑤 성은 한국 기업들이 많이 투자하고 있는 성 중 하나다. 렌윈강에만 400개가 넘는 한국 기업들이 진출해 있다. 삼성전자와 LG전자 같은 대형 전자 기업이 모두 장쑤 성 쑤저우에 공장이 있고, 기아자동차 역시 장쑤 성 옌청에 공장이 있다. 그래서 수많은 한국 기업이 이 항로를 통해 화물을 렌윈강으로 운송한다.

중국의 일대일로 정책은 한국 기업에게도 아주 중요한 기회를 제

▍렌윈강은 한국과 일본의 배들이 중국으로 들어오는 관문이다.

공한다. 일단 렌윈강 물류기지를 비롯해 중국-유럽 화물열차는 운송
수단에 대한 선택의 폭을 넓혔고, 운송 시간과 비용을 절약하게 해주
었다. 이는 한국 기업 역시 더욱 편리하고 빠르게 유라시아나 중앙아
시아의 각 국가로 수출할 수 있는 통로를 확보한 것임을 의미한다.
또 더욱 활발하게 유라시아나 중앙아시아 지역으로 진출할 수 있는
새로운 기회를 모색할 수도 있을 것이다.

이재영
대외경제정책연구원 본부장

중국이 인프라를 개발하면 그 주위에 새로운 수요들이 생기고 거기에 한국이 참여해서 무역투자를 확대할 수 있습니다. 또 새롭게 생기는 인프라에 맞춰 발전 지역들과 교류를 확대할 수도 있죠. 발전하는 유라시아를 전체적으로 볼 때 한국이 참여할 수 있는 기회가 훨씬 더 확대되는 것입니다.

왕이웨이
중국 인민대학교 교수

한국은 이미 이 기회를 잘 잡고 있다고 생각합니다. 특히 한국 기업들은 상황을 정확하게 판단하고 있죠. 그래서 한국의 많은 선박들이 롄윈강을 통하거나 철로를 통해서 중앙아시아로 오고 있습니다. 매우 바람직한 일이고, 양국의 경제무역 관계도 더 활발해질 것이라고 생각합니다.

하지만 한국 경제가 일대일로를 통한 신 실크로드의 효과를 제대로 누릴 수 있는 상황은 아니다. 중앙아시아와 유럽으로 향하는 철도와 현재 건설 중인 고속도로 대부분 그 출발지는 중국의 여러 도시들이다. 우리 기업이 그 길을 이용하려면 인천, 평택, 부산항에서 일단 화물을 싣고 롄윈강과 같은 중국의 항구로 물건을 들여와 다시 철도로 연결해야 한다. 시간과 비용이 낭비되는 것은 당연하다. 결국 우리나라에도 유라시아 대륙을 관통하는 길이 직통으로 연결돼야 세계경제의 지도가 바뀌는 놀라운 변화에 대한민국이 제대로 동참할 수 있다. 남북 간의 경제 교류를 확대하고 철길이나 도로 연결을 통해 부산항의 화물이 육로로 중국과 중앙아시아를 거쳐 유럽으로 가는 일이 현실로 이루어질 때, 진정한 의미의 새로운 실크로드가 완성되는 것이다.

신 실크로드로
부활을 노리는 중앙아시아

신 실크로드가 만들어낸
새로운 풍경

중국 서부 신장 웨이우얼 자치구 최대 도시 우루무치는 거대한 톈산 산맥이 품고 있는 땅이다. 불과 몇 년 전만 해도 변방에 불과했던 이곳에는 웨이우얼족부터 카자흐족, 후이족, 만주족 등의 다양한 소수민족이 어울려 살고 있다. 지금 우루무치는 육상 실크로드의 핵심도시로 주목받고 있다. 몽골과 카자흐스탄이 인접해 있고 러시아로 진출하기 좋은 위치를 점하고 있어서다.

우루무치의 국경무역에 날개를 달아준 것은 신 실크로드다. 열차가 개통되고 도로 소통이 원활해지자 국경을 자유롭게 넘게 되었으며 더 많은 거래도 가능해졌다. 우루무치에서 조그맣게 국경무역을 하고 있는 사업가 리화이산은 요즘 거래가 늘어나면서 사업하는 재미가 쏠쏠하다. 러시아와 카자흐스탄에서 수입한 제품을 우루무치에서 팔고, 우루무치 제품을 다시 러시아와 카자흐스탄에 판다. 수입과 수출은 주로 자동차나 열차를 이용해 이뤄진다.

우루무치를 찾는 이들도 늘었다. 타지키스탄, 카자흐스탄, 투르크메니스탄과 같은 중앙아시아 국가 사람들이 우루무치에서 물건을 구매하기 위해 중국 국경을 넘는다. 타지키스탄의 사업가 박흐치여르도 이러한 사람 중 한 명이다. 그는 자동차 부품을 판매하는 회사를 운영하는데 일본이나 독일, 한국 차량의 부품들을 구입하기 위해 매년 네 번은 우루무치를 찾는다. 우루무치에서는 그가 필요로 하는 부품들을 웬만하면 다 구할 수 있다. 그리고 구매한 물품을 운송하는 것도 간편하다.

우루무치의 국경무역이 활발해지자 화물 관련 업체의 일도 늘었다. 운송업체 '미다스'는 각 나라에서 온 사람들이 구입한 물건들을 관리하고 포장해 배송하는 일을 맡고 있다. 미다스는 몽골과 카자흐스탄에서 가깝다는 위치적 장점 때문에 우루무치를 선택했다. 그런데 실크로드가 다시 연결된 덕분에 더 많은 일감을 받을 수 있게 된 것이다.

▌중국과 카자흐스탄의 접경인 호르고스 자유무역 지대에 사람과 상품이 자유롭게 넘나들고 있다.

우루무치에서 서쪽으로 약 700km 떨어진 중국과 카자흐스탄을 나누는 중앙아시아 접경 지역, 호르고스에서도 신 실크로드에 의해 새로운 풍경이 펼쳐지고 있다. 자유무역 지대인 호르고스는 보따리 상인들의 천국이다. 호르고스에 중국과 카자흐스탄이 공동 개발한 '국제변경합작구'가 있기 때문이다. 중국과 카자흐스탄 국민들은 비자

없이 30일 동안 자유롭게 왕래할 수 있기 때문에 많은 사람들이 쇼핑을 하러 버스를 타고 이곳을 찾는다. 다양한 물건들을 시중보다 30% 저렴한 가격에 구입할 수 있기 때문이다. 이곳에 입주한 상점은 3,000여 곳이고 2016년 말까지 이곳을 방문한 사람이 300만 명을 넘는다. 사람들이 몰려들면서 상인들은 앞으로 더 많은 사람이 호르고스를 찾고, 더 개발되어 이곳이 홍콩과 같은 국제적인 도시로 성장할 것을 기대하고 있다.

시메온 드잔코프
전 세계은행 수석 이코노미스트

신 실크로드는 상품 교역을 위한 유통망을 만들어주고 사람들의 국가 간 이동을 가능하게 해줍니다. 그런 면에서 내륙지방이고 무역지대에서 멀리 떨어져 있는 지역들이 세계 무역 시스템 내로 분명히 들어오게 될 것입니다. 여기에는 중국 서부와 중앙아시아가 포함됩니다.

길이 지나는 곳에
새로운 '부'가 탄생한다

중앙아시아의 대초원이 펼쳐진 곳

▌중앙아시아 대초원으로 길이 이어지고, 그 길로 상품이 오고가면서 산골 오지 유목민들의 일
상도 달라지고 있다.

에 있는 톈산은 양떼들의 천국이자, 중앙아시아 유목민의 삶의 터전
이다. 유목민들은 말 젖을 짜거나 소와 양을 키워 팔며 생활해왔다.
그런데 이곳에 인터넷이 들어서자 산골 유목민의 일상도 달라졌다.
유목민인 부리키트바이 자스울란은 들판에 풀어놓은 양이 먹이를
먹는 동안 스마트폰으로 온라인 쇼핑을 하며 시간을 보낸다. 필요한
것이 있으면 중국이든 한국이든 어디서든 주문해서 살 수 있다. 그가
온라인 쇼핑몰에서 주문한 상품은 열차와 도로가 들어선 톈산으로
배송되어 집에서 받아볼 수 있다. 길이 이어지고, 그 길로 상품이 오
고가면서 산골 오지에 사는 유목민의 삶에도 변화가 생긴 것이다.

톈산 산맥 북쪽 기슭, 해발 800미터 고원에 자리한 알마티는 중앙
아시아 최대 도시로 카자흐스탄의 경제 중심지다. 170만 명(2016년
기준)의 인구가 살고 있는 이곳 역시 인터넷과 스마트폰 등의 전자제

품이 사람들의 일상을 바꾸어놓고 있다. 그리고 그 중심에는 전자제품 유통 판매 1위를 차지하고 있는 '테크노돔(TechnoDom)'이 있다.

테크노돔은 카자흐스탄을 비롯한 중앙아시아 곳곳에 62개의 지점을 갖고 있다. 각 매장에는 100여 개의 브랜드 제품이 진열되어 있지만 LG전자, 삼성전자 등 렌윈강 항을 통해 들어온 한국 제품이 판매량의 50%를 넘는다. 테크노돔의 창립자는 고려인 에두아르드 김이다. 그는 카자흐스탄에서 가장 성공한 고려인 3세이며, 카자흐스탄 부호 순위 29위를 차지한, 카자흐스탄 경제계가 주목하는 기업가다.

에두아르드 김이 테크노돔을 시작했던 2002년만 해도 카자흐스탄의 운송업은 발전하지 못했다. 교통이 불편했기 때문이다. 하지만 카자흐스탄 정부가 중국, 러시아, 벨라루스, 우크라이나, 우즈베키스탄 등의 국가들과 무역 협정을 맺고 새로운 교통로를 만들자 운송업은 날개를 달게 되었다. 여기에 중국-유럽 화물열차가 개통되고 카자흐스탄을 지나가면서 카자흐스탄의 유통은 변화하기 시작했다.

에두아르드 김
카자흐스탄 테크노돔 회장, 고려인 3세

제품들은 주로 중국 남부에서 들어오죠. 예전에 실크로드로 알려졌던 아주 유명한 길을 통해서 들어옵니다. 이 실크로드는 중국에서 유럽까

▌테크노돔 매장에서 판매되는 제품의 50% 이상은 한국 제품이다. 신 실크로드를 통해 철도 운송이 가능해진 덕분이다.

지 연결되죠. 또한 그 길은 알마티를 통과해서 연결됩니다. 그리고 이 길은 철도로 연결되어 있어 우리 물건들은 그 철도를 통해 수송됩니다.

신 실크로드를 통해 고객이 원하는 다양한 제품을 신속하게 공급할 수 있게 되면서 테크노돔의 판매량도 해마다 늘고 있다. 신 실크로드 는 카자흐스탄뿐 아니라 유럽, 아시아 모두에게 아주 큰 역할을 하고 있다. 이 길을 따라 새로운 도시가 생겨났으며 다양한 기업들이 새로 운 도시에 투자를 하고 있다. 철도와 고속도로로 길이 열리자 국경은 개방되었고, 국경을 넘을 때 지불해야 하는 많은 세금도 줄어들었다.

사람들은 어느 나라 제품이든 그가 원하는 것을 인터넷으로 주문 하고 며칠 뒤에 편안하게 집에서도 받을 수 있게 되었다. 반대로 이 들 지역의 사람들이 세계를 상대로 장사를 하는 것도 어렵지 않은 일이 되었다. 테크노돔만 해도 예전에는 매장에서만 전자제품을 판매하는 기업이었지만 이제는 온라인 쇼핑을 중점으로 해서 최고의 서비스를 제공하는 기업으로 변모를 꾀하고 있다. 유통의 획기적인 발전이 이를 가능하게 만든 것이다.

잊혀진 땅의 부활은 시작되는가

유럽과 아시아를 잇고자 하는 인류의 꿈은 2000년 전부터 존재했다. 중국 시안에서 로마까지의 동서양 교역로, 실크로드는 주로 비단을 교역하였기에 붙여진 이름이다. 하지만 비단 외에도 찻잎, 향신료, 도자기 등 셀 수 없이 많은 물건들이 말이나 낙타의 등에 실려 긴 길을 떠나곤 했다. 길을 떠난 상인들은 목적지에 닿기 전까지 쉬고 가기를 반복했다. 길이 지나가는 길목마다 오아시스 도시들이 생겨났다.

사마르칸트는 중앙아시아에서 가장 오래된 도시로 우즈베키스탄에 위치한, 실크로드 시절에 교역의 중심지로 번영을 누렸던 곳이다. 과거 사마르칸트 시장에는 다양한 상인들이 왔었는데 중국, 유럽 심지어 이란과 인도에서도 왔다. 사마르칸트는 지리학적으로도 아주 유리한 위치에 있기 때문이다. 남쪽으로는 인도, 서쪽으로는 러시아

▎옛 실크로드 시절 교역의 중심지였던 사마르칸트(위)와 당시 상인들이 묵던 숙소였던 카라반 사라이(아래).

로 가는 길의 중심에 있고 동쪽으로는 중국, 북쪽으로는 카자흐스탄을 지나 알타이, 시베리아로부터 중앙아시아까지 갈 수도 있다. 하지만 15세기 오스만 제국의 성장과 함께 비단길은 끊어졌다. 이후로 실크로드는 물론이고 사마르칸트도 역사의 부침 속에서 잊혔다. 그런데 그 실크로드가 다시 부활하고 있다. 도로와 철길이 연결되며 신 실크로드를 열고 있는 것이다. 덕분에 길 위의 도시들은 경제뿐 아니라 문화, 과학의 발전까지 경험할 수 있게 되었다. 신 실크로드는 단순한 무역로가 아니다. 새로운 문화와 새로운 기술을 전달하는 교통로이기도 하다.

시메온 드잔코프
전 세계은행 수석 이코노미스트

예전의 실크로드보다 훨씬 영향력이 크죠. 그때는 과학기술이 없었으니까요. 당시에는 해로와 육로가 있었지만 기본적으로는 한쪽 방향으로 향신료만 들어오던 교역로였습니다. 지금의 시도는 2500년 동안 노력해왔던 일이었지만 아무도 성공한 사람이 없었습니다. 그러나 지금 우리는 이 길을 건설하는 데 필요한 자본과 기술을 모두 갖추고 있습니다.

우즈베키스탄 나보이도 실크로드의 부활로 발전을 맞이하고 있는 도시 중 하나다. 우즈베키스탄은 이중 내륙 국가이기에, 바다로 가려면 두 나라를 통과해야 한다. 이 때문에 물류를 해상 운송할 경우, 접근성이 떨어져 물류의 제한도 많고 비용도 높아진다. 해외기업이 투자 유치를 꺼려하는 이유 중 하나다. 그런데 이곳에 도로와 철도가

┃ 대한항공은 우즈베키스탄의 나보이 공항을 중앙아시아의 항공 물류 허브로 발전시킬 계획을
갖고 위탁 운영 중이다.

연결되면서 물류의 이동이 간편해졌다. 그러자 대한항공은 2009년
부터 나보이 공항을 위탁 운영하기 시작했다. 중앙아시아의 가능성
보고 들어온 것이다. 대한항공이 처음 사업을 시작할 때만 해도 화
물량이 연간 100톤 미만으로 거의 전무한 수준이었으나 2015년에는
약 4만 톤으로 급속하게 증가했다. 대한항공은 타항공사를 유치하
고, 트럭 서비스를 발전시켜 나보이 공항을 중앙아시아의 항공 물류
허브로 발전시킬 예정이다.

김의호
우즈베키스탄 나보이 공항장

나보이 공항은 아시아와 유럽의 정중앙에 위치하고 있어서 아시아와

유럽의 주요 도시들이 항공으로 6시간 거리 내에 위치하고 있습니다.

그리고 철도망과 도로망도 우수합니다.

우즈베키스탄 정부가 2008년 12월에 설립한 '나보이 자유산업경제특구'도 철도가 연결되며 활력을 얻었다. 실크로드의 부활로 나보이 경제특구의 가동은 32%나 늘었다. 170만평 규모의 나보이 자유산업경제특구에는 이미 한국, 싱가포르, 인도, 이탈리아 등에서 22개의 기업이 들어와 있다. 또한 800명 넘는 주민이 이곳에서 일자리를 찾았다. 경제특구에 들어선 기업들과 관계되는 지역 업체와 주변의 상가들이 활성화되면서 지역경제에도 많은 도움이 되고 있다.

나보이 경제특구에 입주한 한국 기업 코웅(Ko-Ung)도 실크로드의 부활로 물류 이동에 대한 어려움이 사라졌을 뿐 아니라 유럽 시장 진출까지도 계획할 수 있게 되었다. 자동차용 가스 저장용기를 생산하는 데 필요한 원자재를 모두 중국에서 철도로 들여올 수 있게 되었기 때문이다. 만약 철도 운송이 안 되었다면, 이란 남부의 반다르마스 항을 거쳐 트럭으로 운송해야 하는데, 이것은 더 많은 시간과 비용을 발생시키기 때문에 공장은 상상할 수 없었을 것이다.

장진호
자동차용 부품 제조업체 코웅 대표

우즈베키스탄은 바다로 가려면 두 나라를 통과해야 하는 이중 내륙국이라서 바다가 없기 때문에 물류의 제한이 많습니다. 우리 회사의 경우에도 회사 제품을 생산해서 판매하는 데 접근성이라든지 비용 측면에서 어려움이 많은데, 신 실크로드가 활성화가 되면 회사 제품의 유럽 시장 공략에 많은 도움이 될 것입니다.

냉전 시기 옛 소련의 변방이었던 중앙아시아 국가들은 소련의 붕괴로 독립한 후에도 오랫동안 경제 활력을 찾지 못했다. 하지만 중국의 일대일로 정책으로 길이 열리며 중앙아시아는 비로소 부활의 기

▌지금 카자흐스탄에서는 서유럽과 러시아, 카자흐스탄, 중국 서부를 연결하는 쌍서도로가 개통을 준비하고 있다.

회를 맞고 있다. 지금 카자흐스탄에서는 총 길이 8만 4,454km의 서유럽과 러시아, 카자흐스탄, 중국 서부를 연결하는 '쌍서도로'가 개통을 준비하고 있다. 5개국이 참여한 이 공사가 완료되면 중앙아시아에 엄청난 경제효과가 예상된다. 초원과 사막의 땅 위에 21세기 새로운 실크로드가 열리고 있는 것이다.

슈퍼아시아,
새로운 여정의 시작

그동안 노동력 기반의 제조업에서 강점을 보인 아시아는 이제 우수한 두뇌 및 기술에다가 제조 역량까지 완벽히 결합하면서 경제성장에 가속도가 붙고 있다. 게다가 아시아 대륙의 동쪽 끝부터 도로, 뱃길, 철길로 거미줄처럼 연결되어 유럽까지 이어진 육상 실크로드 덕택에 21세기의 새로운 경제벨트도 놓여 있다.

중국은 어느 나라든 신 실크로드 건설에 참여할 수 있도록 문을 열어두었다. AIIB가 중심이 된 신 실크로드 건설 프로젝트에는 현재 57개국이 참여하고 있는데 중부유럽과 동부유럽 16개국도 동참했다. 활발한 성장을 이루고 있는 아시아에서 탈출구를 찾는 유럽에게 육상 실크로드는 중요한 길이다. 한국 역시 AIIB의 가입국 중 하나다. 한국의 기업들은 아직 기반산업과 자체 산업이 활성화되지 않는 우즈베키스탄이나 카자흐스탄 같은 중앙아시아에 진출해서 활발한 경제활동을 펼치고 있다.

이재영
대외경제정책연구원 본부장

지금 세계경제가 침체하고 있는 상황에서 새로운 돌파구가 필요한데 그 중심이 바로 동아시아와 중앙아시아, 그리고 유럽으로 연결되는 이 지역으로 보입니다.

아시아는 현재 세계경제의 3분의 1, 세계 인구의 60%를 차지하고 있는 슈퍼 시장이다. 오늘날 가장 활발하고 빠르게 발전하고 있는 지역이기도 하다. 이 때문에 아시아는 이미 '슈퍼아시아'로서 세계경제의 흐름을 주도하고 있으며, 육상 실크로드는 아시아의 위치를 더 공고히하고 발전시키는 발판의 역할을 한다. 여기에 동남아시아에 있는 아세안 10개국과 동북아시아의 경제 강국 한국, 중국, 일본 등이 협력해 시너지를 낸다면 아시아는 그야말로 강력한 경제공동체를 형성할 수 있을 것이다.

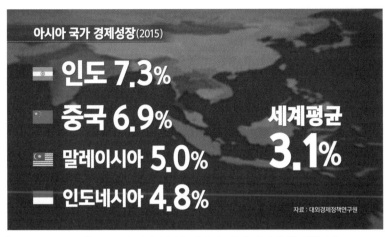

자료 : 대외경제정책연구원

아시아 국가 경제성장(2015)	
인도 7.3%	
중국 6.9%	세계평균 3.1%
말레이시아 5.0%	
인도네시아 4.8%	

❘ 아시아의 주요 신흥 국가들의 경제성장률은 세계 평균을 훌쩍 뛰어넘은 상황이다.

로버트 마르크스
미국 휘티어대학교 역사학과 교수

아시아가 세계경제의 60~65%를 구성하게 된다면 아시아에서 벌어지는 일은 더 이상 아시아에 국한된 일이 아닙니다. 아시아는 세계 다른 국가들의 경제성장을 위해 연료를 공급하는 아주 중요한 역할을 하게 될 것입니다.

아시아가 경제공동체를 형성함으써 화폐, 무역, 인적 자원을 공유하게 되면, 아시아 전체가 함께 발전할 가능성은 더 높아진다. 그리

철도와 도로를 통해 하나의 경제공동체로 연결되는 아시아는 세계경제의 흐름을 주도하고 있다.

고 이러한 통합을 빠르게 앞당기고 있는 것이 신 실크로드인 아시안 로드다. 아시아의 길은 아시아인들이 그들만의 방법으로 각종 문제를 해결하고, 경제를 성장시키는 길이다. 이렇게 아시아가 성장한다면 2020년에는 동아시아의 전체 경제 규모가 유럽이나 북미 지역을 넘어설 수도 있을 것이다.

앤드류 시어러
미국 국제전략문제연구소(CSIS) 선임고문

'슈퍼아시아'의 시대는 이미 왔습니다. 저는 '슈퍼아시아'라는 명칭이 지금 당장 쓰여야 한다고 생각해요. 아시아는 국제적으로 대단히 중요해질 겁니다. 세계는 리더십을 찾고 있고, 그 리더십 중 많은 부분이 아시아에서 나와야 한다고 생각해요.

짐 로저스
로저스홀딩스 회장

슈퍼 아프리카, 슈퍼 남아메리카, 슈퍼 북아메리카, 슈퍼 유럽은 보이지 않습니다. 우리가 좋든 싫든 21세기는 아시아의 시대입니다. '떠오르는 아시아'라고 부를 수도 있겠죠. 아시아만이 그럴 수 있습니다.

답은 '아시아'에 있다

● 　　〈슈퍼아시아〉를 만들기 위해 1년이 넘는 기간 동안 제작진은 세계 20여 개국의 현장을 찾아다니며 역동적으로 변모하는 세계경제의 흐름을 카메라에 담기 위해 노력했다. '인도'와 '아시안 로드(신 실크로드)'를 주로 취재했던 나 역시도 중국, 인도, 카자흐스탄, 우즈베키스탄, 싱가포르 등 아시아 국가부터 독일과 스페인을 비롯한 유럽 국가까지 10여 개의 나라를 촬영했다. 인도의 주요 도시들도 대부분 다녀왔고 중국은 베이징, 상하이처럼 우리에게 익숙한 도시들부터 충칭, 정저우, 청두, 우루무치, 호르고스 등 낯선 중서부 도시들까지 찾아다니며 새로운 실크로드를 따라 어떤 변화가 일어나고 있는지 두 눈으로 직접 살펴보았다.

　인도에서는 무엇보다 젊음과 활력을 느낄 수 있었다. 마치 용암이 꿈틀거리듯 머지않은 미래에 세계경제의 흐름을 단숨에 바꿔 놓을

12억 인도인들의 에너지는 곳곳에서 느껴졌다. 특히 그 중심에는 인구의 65%를 차지하는 35세 미만 8억 명이 넘는 젊은이들이 있었다. 세계에서 가장 젊은 나라! 수천만에 달하는 인도의 20대~30대 기업인들이 저마다의 꿈을 이루기 위해 경쟁을 펼치고 있었다. 그것은 곧 희망과 가능성을 의미하는 것이다. 뿐만 아니라 세계 최대의 소비시장, 그리고 세계 최고의 제조업 국가가 되고자 하는 인도인들의 꿈은 '메이크 인 인디아'로 대표되는 나렌드라 모디 행정부의 제도적 뒷받침과 스마트폰의 급속한 보급에 따른 환경 변화와 맞물려 거침없이 질주하는 기관차처럼 뻗어 나가고 있었다. 아직도 우리에게는 낯설기만 한 인도지만 곳곳에서 꿈을 펼치고 있는 한국 젊은이들도 적지 않았다. 그들의 선견지명은 조만간 '성공'이라는 달콤한 현실이 될 것이라 믿어 의심치 않는다.

중국 취재에서는 대륙의 자신감과 미래에 대한 확신을 온몸으로 느낄 수 있었다. 한때 '메이드 인 차이나'로 대표되던 세계 제일의 제조업 국가였지만 중국은 이제 명실상부한 세계경제의 중심이 되겠다는 야심 찬 미래를 확신하고 있었다. 중국 20여 개 도시에서 출발한 유럽행 화물열차는 보름 만에 사막과 평원, 빙판과 도시를 지나유럽 전역에 도착한다. 불과 몇 년 전 시작된 중국-유럽 화물열차 노선으로 인해 세계 물류는 혁명적인 전환을 맞았다. 길이 지나가는 주변 사람들의 생활도 몰라보게 변하고 있다. 누구도 되돌릴 수 없는 새로운 길의 탄생은 세계경제 지도를 단숨에 바꾸고 있다. 어쩌면 중국인들의 자신감과 미래에 대한 확신은 당연한 것이리라. 취재 중 만난 세계적인 투자자 짐 로저스는 단언했다. "새로운 실크로드의 연결은 수세기에 한 번씩 일어날 만한 사건이다. 세계경제를 확 바꿀 것이다. 좋든 싫든 이제 아시아의 시대가 왔다."

불과 200년 전, 세계경제의 주도권은 무적함대를 앞세워 전 세계를 식민지로 삼킨 데다 산업혁명까지 성공시킨 유럽에 있었다. 하지만 불과 100년이 지난 20세기는 명실상부 미국의 시대였다. 그렇다. 세계 역사는 끊임없이 변하고 있다. 흥망성쇠는 계속된다. 단언컨대 이제 아시아의 시대가 다가오고 있다. '슈퍼아시아'는 머지않았다. 인구, 자본, 기술력, 그리고 새롭게 이어지는 길들은 '아시아의 시대'가 불가역적으로 다가오고 있음을 역설한다.

하지만 대한민국의 현실은 답답하기만 하다. 변모하고 있는 아시아 각국의 기세는 무서울 정도지만 우린 그 물결에 제대로 동참하지도 못하고 있는 데다 당면한 과제들도 적지 않다. 고령화, 저출산, 양극화, 주력 산업의 침체, 남북 분단 등 꼬일 대로 꼬여있는 문제들이 하나둘이 아니다. 그렇다면 대한민국은 어떻게 해야 할까? 세계경제의 변방으로 전락하지 않고 다음 세대에게 당당한 나라를 물려주기 위해서는 이제 어떻게 해야 할까? 그 고민에 대한 해법은 간단하다. '아시아에서 답을 찾자!'

지난 6월 16일, 제주에서 열린 AIIB 제2차 연차총회에서 문재인 대통령은 "남북의 철도가 연결돼야 새로운 육상, 해상 실크로드가 완성되는 것"이라고 말했다. 그렇다. 다행히 '슈퍼아시아'가 완성되는 중요한 퍼즐 조각이 우리 손에 달려 있다. 더 이상 가까운 곳에서 희망을 찾지 못한다면 과감한 발상의 전환이 필요하다. 우리는 90년대 초 냉전이 끝나던 시기에는 과감한 북방 외교로 돌파구를 만들었고 IMF 외환위기 직후에는 IT 산업에 대한 선도적인 투자와 중국 경제의 성장을 최대한 활용하는 전략으로 경제적인 도약을 이루었다. 다시 선택의 순간이 왔다. 이 책이 아시아에서 무슨 일이 일어나고 있고 대한민국이 어떻게 미래를 준비해야 할지 독자들이 판단하는 데, 조금이라도 도움이 되었길 겸손하게 기원한다.

KBS 기획제작국 강윤기 PD

세계의 부가 아시아로 이동하고 있다

2030년, 슈퍼아시아 시대가 도래한다. 그것은 단지 선언적인 문구가 아니었다. 현재 세계에서 역동적으로 움직이고 빠른 경제성장을 이뤄내고 있는 곳은 젊은 대륙 아시아가 유일하다. 아시아 대륙은 분명 거대한 변화로 꿈틀대고 있었고, 세계의 부가 서서히 아시아로 이동한다는 사실을 지난 촬영 기간 내내 생생히 목격할 수 있었다.

프로그램 기획의 단초는 작은 지도 한 장에서 시작되었다. 무수히 많은 자료를 뒤적이다 인도차이나 반도의 경제회랑을 표시한 지도가 한순간 나의 눈을 사로잡았다. 베트남, 태국, 미얀마, 라오스, 캄보디아 5개국을 동서와 남북으로 거미줄처럼 연결하는 '아세안 고속도로 네트워크(ASEAN Highway Network)' 프로젝트는 그 길이가 무려 3만 8,400km로 아세안 국가들을 도로와 철도 그리고 다리로 연결하는 거대한 사업이다. 이 프로젝트가 완성되면 인도차이나 반도의 국경은 무의미해진다. 또한 아세안 전역이 상품, 서비스, 자본의 이동이 자유로운 하나의 시장으로 통합됨을 의미한다. 동남아 10개국으로 구성된 아세안경제공동체의 출범은 인구 6억 4,000만 명이 넘는 아세안 국가를 거대한 단일시장으로 탄생시키기 위한 이들 국가의 강력한 의지였다.

세계에서 가장 낙후된 지역 인도차이나 반도에서 일고 있는 이러한 지각변동을 제작진은 〈슈퍼아시아〉의 주요 내용으로 채택하였다. 2016년 6월 17일 제작진은 미얀마를 시작으로 태국, 라오스의 국경도시를 구석구석 촬영했다. 미얀마의 미야와디, 태국의 메솟과 치앙콩, 라오스의 훼이싸이와 사반나케트 등 촬영지 대부분은 메콩 강을 사이에 둔 작은 국경도시들이다. 작은 다리를 사이에 두고 미얀마와 국경을 마주한 태국의 메솟은 활기가 넘쳤다. 매일 새벽이면 수많은 미얀마의 노동자들이 일자리를 찾아 태국 국경을 넘어왔고, 태국에서는 온갖 물자를 실은 크고 작은 트럭들이 끊임없이 국경을 넘어 미얀마를 향했다. 두 국가의 국민들이 자유롭게 왕래하며 서로에게 필요한 물품들을 거래하는 모습이 충격적이기까지 했다. 또한 이곳은 라오스, 베트남, 미얀마의 국경을 연결하는 대규모 도로와 다리 공사가 착착 진행되고 있었다. 그것은 인도차이나 반도 전 지역에 일어나고 있는 변화를 극명하게 느낄 수 있는 현장이기도 했다.

지난 수 세기 동안 단절되었던 국경이 열리면서 인도차이나 반도의 국가들은 이제 역사적인 새 시대를 준비하고 있다. 하지만 이 엄청난 변화의 중심에는 중국이 있었다. '일대일로'를 추진 중인 중국은 아세안을 인도와 유럽 진출을 위한 중간거점으로 삼아 통합 물류망 건설에 상상을 초월한 자본을 쏟아붓고 있다. 인도차이나 반도 북쪽에 위치한 중국이 아세안의 거대 시장을 장악하기 위한 대규모 투자인 것이다.

세계시장을 주도하기 위해 무섭게 떠오르는 중국을 비롯해 새로운 거대 시장으로 주목받는 12억 인구의 인도, 그리고 넥스트 차이나를 꿈꾸는 아세안 국가들의 부상까지, '슈퍼아시아'는 그래서 머지않은 미래에 현실로 우리 앞에 나타날 것이다.

아시아에 속해 있으면서 이웃 아시아 국가들에 관심이 없는 대한민국은 앞으로 무엇을 준비해야 하는가? 제작자로서의 바람은 이 책을 통해 대한민국이 아시아를 이해하고 그들에게 좀 더 많은 애정을 갖게 되기를 기대해본다. 무덥고 힘든 여정을 기꺼이 함께한 모든 촬영 스태프들에게 감사를 보낸다.

JK미디어 장강복 PD

달라진 아시아의 위상을 보다

●   〈슈퍼아시아〉 6부작은 〈슈퍼차이나〉에 이어 세계경제 위기 속에서 한국의 기회를 모색해 온 KBS의 경제대기획 시리즈다. 〈슈퍼아시아〉를 제작하면서 가장 힘들었던 점은 중국과 일본을 제외한 대부분의 아시아 국가들에 대해 사회과학적인 연구를 해 온 한국 자료가 거의 없다는 것이었다. 아시아에 대한 정보가 절대적으로 부족하다는 점에 우리는 무척 놀랐다. 한국도 아시아 국가인데 이렇게 아시아에 대해 무지해 올 수 있었나?

지난 세기 미국과 유럽 같은 선진국만 꿈꾸며 달려왔던 한국에 아시아는 관심 밖이었다. 일본과 중국 정도만 앞서거나 쫓아오는 경쟁 상대였을 뿐 동남아시아나 인도 등 수많은 아시아 국가들은 우리가 얼마나 대단한 성장을 했는지 확인시켜 주는 관광지 정도였다. 2015년 〈슈퍼차이나〉 7부작이 방송되었을 때 충격과 반향이 컸던 것도 '아니, 중국이 이 정도까지?'라는, 우리가 가져왔던 아시아 국가들에 대한 인식을 반영한다.

개발과 성장만이 살길이라는 20세기 인식으로 앞만 보고 달리는 동안 세계를 강타한 금융위기는 미국과 유럽을 휘청거리게 했다. 세계경제가 흔들리는 사이 중국은 세계 2위의 경제대국으로 올라섰다. 2008년 세계 금융위기 당시 우리 경제가 위기를 순조롭게 극복하고 성장할 수 있었던 배경에는 중국 특수가 있었음을 부인할 수 없다. 2010년 이후 중국은 이미 세계를 향한 투자와 혁신을 진행 중이었고 그 투자는 의도적으로 동남아와 인도 등 주변의 새로운 아시아 시장에 집중되어 있었다.

세계의 공장을 이어받은 동남아 국가들과 인도는 세계적인 저성장 속에서도 최고의 경제성장을 구가하고 있다. 개발도상국들 중 변화의 속도도 세계에서 가장 빠르다. 포스트 차이나 시대, 생산과 소비가 폭증하는 아시아 국가들에게 세계의 자본과 투자자들이 몰리는 것은 당연하다. 경제 주간지 〈이코노미스트〉의 연구에 따르면 2053년 GDP 순위는 1위 중국, 2위 미국에 이어 인도, 인도네시아, 일본이 각각 3, 4, 5위를 차지할 전망이다. 세계경제의 절반을 차지하게 될 아시아 국가들은 우리에게 더 이상 선택지가 아니다. 가장 가까운 파트너이자 가장 빠르게 발전하는 시장이다.

세계적인 투자자들과 전문가들이 인정하는 21세기 아시아 시대에 우리는 한국이 아시아 국가라는 점에 감사해야 한다. 이미 유럽의 몰락을 지켜보고 있지 않은가? 멀리 찾지 않아도 우리 이웃에 가장 빠르게 성장하는 시장이 있다. 그들과 어떻게 관계를 맺고 그 성장과 시장에 어떻게 합류하느냐만 남았다. 우리 아이들이 살아갈 시대를 위해 아시아에 대한 인식과 관심이 늘어나길 바라며 이 책을 독자들께 드린다.

〈슈퍼차이나〉 보다 〈슈퍼아시아〉는 더 넓고 복잡한 만큼 제작을 하는 과정에서 더 많은 스텝의 노고가 들어 있다. 카메라, 동시녹음, 현지코디 등 현장에서 고생하신 분들과 작가, 전문 리서처, 편집, 음악 등 수많은 스텝의 노고에 진심으로 감사드린다. 2년의 제작기간 동안 의젓하게 커 준 아들 성우와 못난 남편을 언제나 이해해주려 노력하는 아내 지영에게 항상 감사하다.

KBS 기획제작국 황응구 PD

슈퍼아시아

초판 1쇄 발행 2017년 7월 14일
초판 3쇄 발행 2018년 7월 2일

지 은 이 | KBS 〈슈퍼아시아〉 제작팀

펴 낸 곳 | (주)가나문화콘텐츠
펴 낸 이 | 김남전
기획부장 | 유다형
기획·책임편집 | 이정순
본문구성 | 김미조
교정교열 | 김계옥
기획 1팀 | 서선행
디 자 인 | 정란
마 케 팅 | 정상원 한웅 정용민 김건우
경영관리 | 임종열 김다운

출판 등록 | 2002년 2월 15일 제10-2308호
주   소 | 경기도 고양시 덕양구 호원길 3-2
전   화 | 02-717-5494(편집부) 02-332-7755(관리부)
팩   스 | 02-324-9944
홈페이지 | www.anigana.co.kr
이 메 일 | admin@anigana.co.kr

ISBN   978-89-5736-918-0 03320

가나출판사는 당신의 소중한 투고 원고를 기다립니다. 책 출간에 대한 기획이나 원고가 있으신 분은
이메일 ganapub1@naver.com으로 보내주세요.